dessin de couverture : Arizorus
montage infographique : www.ateliercortical.com

Véronique Cayado

Préface de Guillaume Richard

Tu comprendras quand tu seras vieux

Petit manuel anti-préjugés grand âge

Éditions du Palio

Préface de Guillaume Richard

L'Institut Oui Care

C'est l'objectif de tout chef d'entreprise... Créer de la valeur va de soi quand on fonde une entreprise. Que ce soit un service ou un produit, la question de l'utilité de ce que l'on crée se pose continuellement. La réponse est vite apportée par le client lui-même et le chiffre d'affaires que l'on génère... ou pas ! Cette vision de l'entreprise comme créant de la valeur, et générant de la richesse pour celles et ceux qui la composent est certes essentielle, mais à mes yeux insuffisante.

L'utilité d'une entreprise, surtout lorsqu'elle atteint un degré de maturité qui lui permet de le faire, se loge aussi et de manière très importante dans son impact social, sociétal et environnemental. Au-delà de la question de la rentabilité – qui reste à la base de l'entreprise – elle doit s'interroger sur sa raison d'être et définir notamment des causes et combats sociétaux sur lesquels elle peut s'engager et faire bouger les lignes.

Parmi les causes essentielles que mon entreprise a portées jusqu'à maintenant, le sujet de la vieillesse a toujours été présent. Quand on a commencé à proposer des services d'aide aux seniors, il y a maintenant plus de 10 ans, j'ai souhaité que ce développement soit accompagné par un travail de recherche et développement en sciences humaines. Depuis nous avons créé le think tank Institut Oui Care qui est le prolongement de cet engagement avec une ambition encore plus affirmée : ouvrir les regards sur la vieillesse, montrer qu'il n'existe pas un seul chemin tout tracé, mais plein de vécus différents.

Ouvrir nos regards sur la vieillesse, pourquoi est-ce important ?

Parce que nous parlons de 4,8 millions de personnes de plus de 85 ans en 2050 ! Et, espérons-le, nombre d'entre nous parmi ces 4,8 millions. Parce que parler des personnes âgées et de leurs besoins spécifiques comme s'il s'agissait d'un groupe homogène, ce n'est pas entendable. 4,8 millions de personnes qu'on considérerait comme semblables les unes aux autres, c'est non seulement une ineptie, mais c'est aussi une violence sociale quand cela s'accompagne d'une déconsidération et disqualification d'office des capacités et des droits de la personne. Si la société a tout fait pour les invisibiliser depuis plusieurs décennies, la très forte augmentation des plus de 85 ans d'ici 2050 nous invite forcément à interroger le regard que nous portons sur les aînés. Comme le montre Véronique Cayado dans cet ouvrage, la démarche est loin d'être évidente tant les stéréotypes sont ancrés et inconscients.

Quelle société voulons-nous être demain ? La manière dont nous traitons les « vieux » est un indicateur clé de la capacité d'inclusion d'une société mais aussi de sa relation à son histoire, et surtout de sa capacité à construire demain. Sans ses racines, un arbre ne tient pas debout...

La vieillesse change... les baby-boomers arrivent !

Non seulement le vécu du vieillissement est très différent d'une personne à l'autre, mais aussi selon les époques : « *Plus je prends de l'âge, plus je me sens mieux dans mes choix de vie, et plus je les affirme.* » Les mots de cette personne, interrogée dans le cadre de l'Étude Oui Care menée en 2019 auprès de 2 275 individus (baby-boomers et leurs enfants), sont sans équivoque : les vieux de demain seront différents des vieux d'hier. Les baby-boomers qui arrivent ont l'expérience de leurs parents et sont mieux préparés à ce qu'ils ne veulent pas. Ils ont plus d'exigence, souhaitent garder le contrôle sur leur vie, et la volonté de choisir par eux-mêmes. C'est bien entendu une bonne chose, mais cela vient certainement percuter le regard stéréotypé que pose la société sur les personnes âgées.

Comment ces futurs octogénaires dont 90% déclarent bien vivre et assumer leur âge malgré la perception de certaines limitations vont-ils supporter le cadre restrictif que la société leur assigne ?

Alors que pour 91% d'entre eux, vieillir c'est avant tout profiter de la vie – avec en arrière-fond le surplus de liberté et l'absence de contrainte – et transmettre son expérience et son histoire aux générations futures, vont-ils accepter d'être disqualifiés socialement ?

*

Il est temps, largement temps, d'apprendre à reconnaître les stéréotypes et préjugés sur la vieillesse et comment ils se traduisent, dans les faits, en discrimination à l'égard des plus âgés d'entre nous. Déconstruire les clichés pour changer nos comportements, pour une société moins âgiste et plus digne de ses aînés.

Guillaume Richard
Président-Fondateur du Groupe Oui Care

À propos du Groupe Oui Care

Le groupe Oui Care est le leader des services à domicile en France. S'appuyant sur 18 000 collaborateurs, plus de 500 agences en France, 9 marques BtoC (O2, France Présence, APEF, Interdomicilio, Les Bienveillants, Nounou Expert, La Compagnie des Lavandières, Maison Hélya Paris, Autonomia) et 3 marques BtoB (Silver Alliance, ASAP, itSAP), le groupe Oui Care contribue au bien-être quotidien de plus de 100 000 familles, en leur apportant des services à domicile de qualité : entretien du domicile, garde d'enfants, accompagnement de personnes âgées ou en situation de handicap, jardinage, bricolage et conciergerie de proximité. En 2021, sous l'ensemble de ses marques, le groupe Oui Care a réalisé un volume d'affaires de 348 millions d'euros et vise le milliard d'euros d'ici 2035.

Introduction

Aujourd'hui c'est jour de marché

Un dimanche de printemps avec un beau soleil, c'est le jour du marché hebdomadaire, beaucoup de monde se presse, beaucoup de piétons qui traversent à leur guise. Au niveau d'un passage clouté où s'écoule un flux continu de piétons, tout près de l'entrée du marché, un homme avec sa femme en voiture qui commet une maladresse en voulant forcer le passage malgré ce flux de piétons. Après tout, il ne va pas attendre indéfiniment ! Les piétons réagissent en interpellant le conducteur. Normal, ils ont la priorité et, en ce dimanche matin, le marché et ses alentours sont leur territoire. « Oh tranquille, tu vas passer ! On est dimanche, y'a pas d'urgence ! » et puis la petite phrase qui tombe, puis une autre encore : « En plus c'est un vieux, il a rien d'autre à faire !! – Hé, pépé, *faut se calmer* ! *– Faudrait leur retirer le permis après un certain âge ! »*

C'est une scène banale à laquelle j'ai assisté il y a peut-être 3 ou 4 ans. Je le précise car il est possible qu'elle ait pris quelques rides depuis, les derniers propos pouvant être désormais plus difficiles à assumer publiquement. Néanmoins, vous reconnaîtrez certainement quelque chose de familier comme cette petite réflexion qu'on a tous entendue ou pensée à la caisse du supermarché : « *C'est pas vrai, il n'aurait pas pu aller faire ses courses quand tout le monde travaille !* »

Que la conduite du monsieur provoque une réaction n'a rien de surprenant, elle peut se comprendre aux yeux des piétons, et puis le partage des espaces voitures/piétons favorise les réflexes de défense du territoire. Non, ce qui interroge beaucoup plus, c'est comment l'âge a priori avancé du monsieur est arrivé aussi rapidement dans la danse. Il faut dire qu'il apporte des informations précieuses sur la personne. Imaginez, rien qu'avec l'âge, on devine l'emploi du temps de notre homme ! Sans compter que cela explique complètement cette mauvaise conduite : ben oui, qui dit « vieux », dit forcément « baisse des aptitudes ». Ce type ne sait pas conduire parce qu'il est vieux ! On notera aussi au passage le petit surnom de « pépé » qui est une manière de nommer une personne sur la base d'un trait saillant extérieur. Si on en faisait autant avec le sexe ou la couleur de peau, il y a fort à parier que de tels qualificatifs ne passeraient pas, ou qu'ils seraient du moins davantage jugés condamnables.

Cette scène plutôt insignifiante en apparence montre la faculté de « préjugement » des êtres humains. Nous avons cette capacité à juger avant de connaître en nous basant sur des savoirs du sens commun et des idées préconçues. Je reviendrai dans le premier chapitre sur ce fonctionnement de la pensée et ses erreurs de jugement qui sont très difficiles à enrayer tant il s'agit d'un système de représentation qui s'autojustifie en permanence. Regardez dans mon exemple : l'image du vieux qui décline va induire une certaine interprétation de la scène – si le monsieur a voulu forcer le passage, c'est parce que ses compétences automobiles déclinent – et cette même lecture partisane de la scène va conforter la pensée préconçue en apportant la preuve que les vieux représentent bien un danger sur la route.

Je parlais d'une scène plutôt insignifiante, mais cela dépend quand même du point de vue où l'on se place. Pour le monsieur, cela peut être violent de recevoir tous ces mots et les images de lui-même qu'on lui renvoie. Même s'il en a vu d'autres et si cela fait longtemps qu'il a arrêté de donner de l'importance à ce qu'on dit de lui, malgré tout ça donne un coup. Surtout qu'il sent bien qu'il fatigue plus qu'avant. Il vient de faire 700 km de route pour récupérer ses petits-enfants pour les vacances de Pâques et voilà que cet imbécile de GPS le fait passer par le marché ! Peut-être les autres ont-ils raison... Et si tout cela n'était plus de son âge ?

Vous l'aurez compris, ce livre parle de l'âgisme et du poids de l'âge dans les rapports sociaux.

L'âgisme est un phénomène qui peut prendre différentes formes. Ce sont à la fois des préjugés et des comportements discriminatoires qui s'insinuent autant dans les relations individuelles, dans l'intimité des foyers, dans la rue, que dans les pratiques professionnelles, organisationnelles, institutionnelles et politiques.

Le souci de lutter contre de telles discriminations est assez récent en France et trouve son origine dans les directives européennes issues notamment l'article 13 du traité d'Amsterdam qui inscrit l'âge parmi les causes de discrimination condamnables. Nous sommes à la fin des années 1990. Il est intéressant de noter que ces discriminations ont été appréhendées historiquement dans deux perspectives différentes, l'une pragmatique concernant l'emploi et le travail des seniors, l'autre plus idéologique concernant la lutte contre les discriminations. Aussi quand l'âge a été ajouté officiellement parmi les critères définissant les formes de discriminations sociales au même titre que le sexe ou la religion, cette reconnaissance n'était pas le résultat d'une lutte sociale ou de revendications de groupes minorisés. C'est d'abord une application du droit européen. Ce n'est qu'ensuite, une fois le critère intégré dans la loi française, que des évaluations quantitatives ont donné de la visibilité au phénomène. La lutte contre l'âgisme a en effet ceci de surprenant que ce sont d'abord les chiffres qui ont imposé le sujet sur le devant de la scène avant même qu'une prise de conscience collective n'émerge. L'âgisme est devenu palpable par les chiffres avant de l'être dans les esprits Depuis, la prise de conscience a fait son bout de chemin, poussée par de nouvelles générations de vieux plus prompts à bousculer les codes normatifs des âges de la vie et par une dynamique démographique tout à fait inédite qui donne de l'épaisseur au problème. La part des plus âgés augmentant de manière exponentielle, l'âgisme prend inexorablement de l'ampleur dans la société. Bien entendu ce n'est pas un problème franco-français. L'ONU, dans son dernier rapport, révèle les résultats d'une étude menée dans 54 pays : une personne sur deux a des attitudes modérément ou fortement âgistes (c'est-à-dire guidées par des stéréotypes et des préjugés)[1].

Loin de moi l'idée de faire de la morale ou de déclamer le bon sens des choses ! Ce livre n'a d'autre but que d'apporter un éclairage psycho-social sur les mécanismes de l'âgisme, en particulier la tendance à caractériser les personnes les plus âgées à partir de stéréotypes négatifs sur le vieillissement et à les traiter en conséquence.

1 https://www.who.int/fr/news/item/18-03-2021-ageism-is-a-global-challenge-un

Quand je vous dis vieillesse, vous me dites ?

Peut-être me direz-vous qu'il est difficile d'en parler en quelques mots, que c'est une tranche de vie remplie de plein d'expériences différentes ; une période de métamorphoses aussi où l'on doit faire face à des changements importants, des changements qui peuvent être riches d'apprentissages, autant qu'ils peuvent déstabiliser, bousculer, violenter même parfois.

Peut-être me direz-vous cela, mais il y a néanmoins fort à parier que ce ne sont pas les premières idées qui vous viendront à l'esprit parce que ce n'est pas en ces termes que l'on a l'habitude de penser la vieillesse dans le cycle de la vie. Dans les cultures occidentales, nous sommes portés à considérer l'avancée en âge comme une courbe de Gauss avec sa première phase ascendante, celle de l'enfance et du jeune âge, où l'individu achève son développement jusqu'à un palier correspondant grosso-modo au mitan de la vie, où il est alors au summum de ses capacités physiques, sociales et intellectuelles. Puis s'enclenche la phase de déclin – d'abord insidieusement, puis beaucoup plus rapidement – qui se poursuit jusqu'à atteindre son paroxysme dans le vieil âge, où l'individu n'est plus qu'un être dégradé et privé de tout ce qui faisait ce qu'il était avant.

Dans cette vision de l'avancée en âge, on voit finalement que la vieillesse n'est décrite qu'au travers du processus de vieillissement biologique, c'est-à-dire du phénomène de sénescence. Cette association n'est pas fausse en soi, mais elle est réductrice. Vivre dans le grand âge ne se réduit pas à la dégradation de nos cellules et de nos organes, pas plus que cela ne peut être confondu avec le déclin et la perte des capacités. Parce que même si l'organisme subit des altérations, on ne peut pas réduire la vie à des âges avancés à ces altérations physiologiques. Ce n'est qu'un élément du décor. Il pose certes le cadre des possibles, qui peut être très contraignant, mais il y a – et c'est ce qui compte – une scène qui se déroule dans ce décor avec des sujets qui expriment et ressentent des émotions ; une scène où il se joue finalement bien d'autres choses que la sénescence et le déclin. Par ailleurs, nous ne sommes pas tous égaux face au processus de vieillissement biologique. Nous ne vieillissons pas de la même manière sur le plan physique et organique pour toutes sortes de raisons, génétiques, environnementales, comportementales en lien avec nos modes de vie, mais aussi psychologiques. Autrement dit, nous ne sommes pas touchés de la même manière et au même rythme par le processus de vieillissement biologique. Les effets sont donc très variables selon les individus.

Le vécu du vieillissement et le vécu de la vieillesse sont très différents d'une personne à une autre. Or nous avons tendance à considérer que tous ces vécus sont semblables, ternes et vides de sens, comme si les incapacités et les pertes d'autonomie emplissaient le tout. Cette confusion est source de nombreux raccourcis et de généralisations abusives, comme l'idée que l'on perd forcément la mémoire en vieillissant ou que l'on finit inexorablement par perdre son autonomie. Pourtant, si le vieillissement peut conduire à une situation de dépendance prononcée, celle-ci n'est pas le fait QUE du vieillissement. Les accidents de la vie comme les maladies peuvent aboutir à la même situation à n'importe quel âge, sans compter que selon les ressources ou les contraintes du milieu de vie qui est le nôtre, le vécu de la dépendance n'est pas du tout le même. Il suffit pour s'en convaincre de penser aux conséquences en termes de liberté d'aller et venir d'un habitat non adapté aux déplacements en fauteuil roulant. L'association vieillesse/dépendance est tellement forte dans notre esprit qu'elle génère de nombreux biais cognitifs sur lesquels je reviendrai plus longuement dans les chapitres suivants. Pour l'heure, je voudrais juste insister sur la diversité des parcours de vieillissement qui ne riment pas toujours et forcément avec les mots « dépendance » et « perte d'autonomie ». Pour donner un ordre de grandeur, en France la perte d'autonomie est appréhendée via le nombre de bénéficiaires de l'APA, l'Allocation Personnalisée d'Autonomie. Dans l'Hexagone, parmi les personnes âgées de 60 ans ou plus, 7,6% sont identifiées comme dépendantes. Ce nombre progresse assurément avec l'âge, mais il est moins important qu'on peut le penser : 2% jusqu'à 79 ans, 18% entre 80 et 89 ans et 50% à partir de 90 ans[2]. Ces chiffres sont probablement sous-évalués car il existe une part importante de non-recours à l'APA, mais voilà néanmoins qui casse un peu les évidences. Autre chiffre, la durée moyenne durant laquelle les personnes bénéficient de l'APA : elle est de 3 ans et demi[3]. On voit donc que, même si la situation de dépendance concerne davantage les gens plus âgés, elle ne caractérise qu'une partie de leur vie de « plus âgés »[4] et généralement leurs dernières années de vie. À leur manière, ces chiffres montrent clairement que l'association vieillesse/dépendance est excessive. La vieillesse

2 DREES (2020). https://urlz.fr/jftF

3 DREES (2020). *ibid*

4 En moyenne, les hommes commencent à percevoir l'APA à partir de 81 ans et demi, et les femmes, à partir de 83 ans et demi (DREES, 2020, cf. supra).

comme le vieillissement ne se manifestent pas seulement – loin s'en faut – par la dépendance. Plus encore, je dirais que la vie d'une personne en situation de dépendance ne se limite pas à sa dépendance. C'est une caractéristique plus ou moins importante, plus ou moins incontournable, mais sa vie est aussi ce qu'elle peut en vivre ; et comme elle dépend plus de son environnement, « ce qu'elle peut en vivre » en dépend aussi...

Cet imaginaire autour de la vieillesse est certainement le plus prégnant, mais il cohabite avec d'autres formes de représentations plus valorisantes de l'âge, telles l'expérience, la sagesse, etc. De tout temps, des représentations négatives et positives ont coexisté avec leur lot de contradictions et d'ambivalences. Il serait donc faux de dire que les vieux sont exclusivement considérés à travers ce prisme du déclin et de la perte. Cependant cela reste une période de la vie qui est dépréciée dans les sociétés occidentales qui cultivent plutôt les valeurs associées à la jeunesse, comme l'esthétique du corps jeune ou la vitesse. Notons qu'à cet égard nous ne manquons pas non plus de contradictions : si les modèles dominants valorisent globalement les caractéristiques de la jeunesse, ils n'en font pas forcément autant pour les jeunes gens eux-mêmes, dont l'entrée dans la vie active est souvent compliquée sans le soutien de l'entourage.

Pourquoi la vieillesse est-elle autant dépréciée ?

Il existe certainement une conjonction de facteurs.

Je l'évoquais plus haut, il y a d'abord la manière dont les sociétés occidentales se représentent l'avancée en âge telle une courbe en cloche dont la régression marque la dernière partie de la vie. Cette conception de l'existence tend à dévaluer le temps de la vieillesse. Difficile de l'imaginer, mais cette représentation n'est pas universellement partagée. Parmi les contre-exemples, il est une société à l'organisation sociale tout à fait particulière dont a rendu compte l'ethnologue Anne-Marie Peatrick à la fin des années 1980[5]. C'est la société Meru au Kenya. Dans l'état des lieux dressé à l'époque par l'ethnologue, les Meru partageaient une représentation de la vie et de la vieillesse très éloignée de la nôtre. Pour eux, l'existence suit une trajectoire de bonification continue, l'individu poursuit son développement jusqu'à son niveau le plus achevé aux alentours des 65 ans. Désormais doté des qualités suprêmes, il accède au rôle d'Accompli en charge des affaires religieuses et des rites de passage. Loin d'être un naufrage, la vieillesse est une réussite, celle d'avoir dépassé et survécu aux épreuves de l'existence. Loin d'être usé et obsolète, le vieux représente l'apogée du développement humain ; il possède des qualités qui ne peuvent être acquises qu'en gravissant les étapes de la vie. Un tel contraste avec notre vision du cycle de la vie est saisissant : « épanouissement » versus « usure » – « croissance de l'être » versus « décroissance des capacités » !

Notre représentation du cycle de la vie place effectivement la vieillesse du côté de l'usure et du déficit (si ce n'est de la déficience). À côté de cela, nous baignons dans une culture libérale portée par une recherche de croissance inépuisable

5 Peatrik, A.-M. (2001). Vieillir ailleurs et ici : l'exemple des Meru du Kenya. *Retraite et société* 34(3) : 151-165.

et de productivité toujours accrue. Dans un tel contexte, le vieux ne peut apparaître que comme l'antithèse de ce qu'il faut être ! Il est la lenteur, la décroissance, l'obsolescence incarnées. On voit bien combien ces fondements culturels contribuent à jeter le discrédit sur la vieillesse. Sans compter le culte du jeunisme et notamment celui de l'esthétique du corps jeune, svelte, musclé et sans plis... Un culte en forme de dictature qui formate un certain esprit du beau et du désir. Sans compter, aussi, que cet esprit de jeunisme déborde la question de l'esthétisme : c'est aussi un rapport particulier à la connaissance et à la valeur de l'expérience[6]. Bref, on préfère acheter neuf plutôt que d'occasion, parce que le neuf, c'est plus joli, ça performe plus et ça risque moins de tomber en panne ! Ainsi, nous baignons – culturellement parlant – dans des normes, des valeurs, des injonctions où le vieux est l'incarnation du « out » ; et la comparaison homme/machine ne fait qu'apporter du crédit à toutes ces thèses.

Il existe assurément d'autres facteurs explicatifs à cette vision déficitaire de la vieillesse. Le fait est que pendant longtemps les vieux intéressaient peu les sciences. C'est la médecine qui véritablement la première s'est intéressée au sujet âgé avec forcément son prisme à elle, celui des pathologies du vieil âge. Cela aussi a participé à cette approche de la vieillesse par les déficits.

La place de la mort dans nos cultures modernes est partie prenante, également, dans la dévalorisation du grand âge :

---

6 Cet esprit de jeunisme n'est pas propre à la culture moderne. On le retrouve déjà dans la Grèce antique où, semble-t-il, se joue un renversement de paradigme dans le rapport au savoir, un savoir où l'éducation prime sur l'expérience, un savoir dédogmatisé car toujours aux prises avec la réfutation.

notre rapport à la mort, cette mort que l'on ne veut pas voir, comme si elle ne faisait pas partie de la vie. Or, comme la vieillesse a désormais dans nos contrées le monopole de la mort, cela ne la met pas en parfum de sainteté[7]. La mortalité infantile a chuté considérablement, tout comme les morts en couche pour les femmes et à la guerre pour les hommes, la médecine et l'hygiène ont considérablement progressé, tout cela a repoussé la mort aux confins des âges. Disons alors que cette association ne plaide pas en faveur d'une valorisation du grand âge ! Sans compter, par ailleurs, qu'il n'y a plus rien d'exceptionnel à être vieux. Tout le monde peut l'être, ou presque. Le vieux ce n'est plus le méritant qui a réussi à passer toutes les épreuves sans y perdre la vie. Non, maintenant c'est à la portée de tous. Non, désormais, le vieux méritant, c'est celui qui réussit à vieillir jeune !

Chaque culture élabore ses propres représentations des âges de la vie, et donc de la vieillesse. La vieillesse n'est pas un état naturel aux frontières délimitées, elle est avant tout une construction sociale et psycho-sociale, distincte du processus naturel du vieillissement ; processus qui commence d'ailleurs bien plus tôt que l'entrée supposée dans la vieillesse. On commence en effet à vieillir très jeune, alors qu'on ne sait pas exactement quand on devient vieux. 60 ans si l'on considère le critère d'obtention des aides allouées pour la perte d'autonomie ? 62 ans pour le système de retraite ? Bien plus tôt dans le monde du travail et plus encore dans les milieux du sport...

7 Ce monopole est très fragile. Nous avons tendance à l'oublier en pensant que la guerre et les catastrophes naturelles ne sont que pour les autres ailleurs dans le monde, mais récemment, la guerre en Ukraine nous a rappelé combien rien n'était acquis pour toujours.

Mais alors qu'on ne sait pas où débute la vieillesse, on tend néanmoins à considérer les plus vieux comme un groupe homogène !

Tous les mêmes !?

C'est le propre des préjugés et des stéréotypes que de mettre tout le monde dans le même sac. On généralise, on accentue les ressemblances pour mieux marquer les différences avec les autres. En somme, on crée du « nous » et du « eux » en simplifiant une réalité complexe. L'âgisme n'échappe pas à la règle, il suffit pour s'en convaincre de se rappeler combien les « non vieux » ont pu avoir le sentiment d'être sacrifiés pour la survie de « vieux » que la Covid-19 menaçait. Les vieux étaient devenus une masse uniforme de « non-semblables », « d'êtres à part ».

En réalité, rien ne ressemble moins à un vieux qu'un autre vieux parce qu'ils ont derrière eux des trajectoires sociales, des parcours individuels singuliers qui en font des êtres uniques. Vieillir serait donc plutôt du côté de la puissance de la personnalisation. À côté de cela, l'âgisme fait presque figure de pensée communiste, comme s'il n'y avait plus de classes sociales quand on est vieux, comme si la structuration de la société disparaissait, tous les vieux étant semblables par leur vulnérabilité !

La réalité est tout autre : deux hommes nés la même année et ayant exercé des professions différentes n'auront pas la même espérance de vie arrivés à l'âge de la retraite. Près de 10 ans de plus pour les catégories socio-professionnelles les plus élevées dans l'échelle sociale. Ou 10 ans de moins pour les autres, cela dépend de quel point de vue on se place...

Bien sûr, il s'agit là de moyennes hypothétiques basées sur des calculs complexes[8], mais qui montrent bien qu'on ne peut pas parler « des vieux » comme s'il s'agissait d'individus interchangeables. Cette pensée stéréotypée, je vais essayer de vous la raconter et, qui sait, vous pourriez peut-être y gagner quelques années de vie en plus !

Source : OMS, campagne mondiale contre l'âgisme, 2021

8 On ne peut pas calculer l'espérance de vie par avance, on est donc obligé de se baser sur des données anciennes pondérées par des projections actuelles.

Le terme d'âgisme aujourd'hui ne se rapporte pas spécifiquement aux plus âgés même si c'est le plus souvent à leur égard qu'on l'emploie. Il recouvre plusieurs dimensions relevant à la fois de la perception, du jugement et des comportements discriminatoires basés sur l'âge. En France, l'émergence de ce terme est plutôt récente alors qu'il a été conceptualisé dès la fin des années 60 par un psychiatre et gérontologue américain, Robert Butler. Fervent promoteur de la gériatrie – une discipline qui souffrait alors d'un manque criant de reconnaissance dans le champ médical – Robert Butler publie en 1975 un livre qui remportera un prix Pulitzer "*Why Survive ? : Being Old in America*" et participe à la création du National Institute on Aging dont il assurera la direction jusqu'en 1982. Pour lui, l'ancrage culturel et le caractère institutionnalisé des discriminations à l'égard des plus âgés forment des obstacles de taille qui placent la lutte contre l'âgisme sur le versant politique et idéologique.

Depuis 2016 et la « loi de modernisation de la justice du XXIe siècle », l'âgisme sur son versant discrimination est passible de poursuites pénales allant jusqu'à trois ans d'emprisonnement et 45 000 euros d'amende. Ainsi selon l'article 225-1 du Code pénal : « *constitue une discrimination toute distinction opérée entre les personnes physiques sur le fondement de leur origine, de leur sexe, de leur situation de famille, de leur grossesse, de leur apparence physique, de la particulière vulnérabilité résultant de leur situation économique, apparente ou connue de son auteur, de leur patronyme, de leur lieu de résidence, de leur état de santé, de leur perte d'autonomie, de leur handicap, de leurs caractéristiques génétiques, de leurs mœurs, de leur orientation sexuelle, de leur identité de genre,* ***de leur âge****, de leurs opinions politiques, de leurs activités syndicales, de leur capacité à s'exprimer dans une langue autre que le français, de leur appartenance ou de leur non-appartenance, vraie ou supposée, à une ethnie, une Nation, une prétendue race ou une religion déterminée* ».

De telles poursuites peuvent s'engager dès lors que les discriminations portent sur la fourniture d'un bien ou d'un service, l'exercice d'une activité économique ou l'accès au marché du travail. Toute distinction basée sur l'âge n'est donc pas pénalement condamnable. Pendant longtemps, les personnes majeures de moins de 25 ans n'étaient pas éligibles au RMI (Revenu minimum d'insertion), et si elles le sont désormais au RSA (Revenu de Solidarité Active), c'est un « RSA jeunes » distinct du dispositif général. L'âge chronologique constitue un critère dans de nombreuses politiques publiques, y compris sur le handicap dont la survenue ne peut « officiellement » pas dépasser 59 ans. Après 60 ans, on rentre dans le cadre des dispositifs vieillesse avec des droits différents. Autrement dit, il existe des formes de discrimination basées sur l'âge socialement acceptables[9], qui légitiment par généralisation le fait de parler des « jeunes » et des « personnes âgées » comme de groupes sociaux homogènes.

9 Socialement acceptables aussi parce que, historiquement, nombre de mesures d'âge sont liées à la protection sociale, à commencer par celle interdisant le travail des enfants. Voir à ce propos l'article de Poli & coll. (2009) sur la double dynamique d'exclusion/protection.

Néanmoins, on peut dire que depuis le début des années 2000, l'âge s'est peu à peu imposé comme un critère de discrimination légitime. Globalement, les Français seraient conscients de l'importance des discriminations âgistes (54% estiment que ce type de discrimination est répandu[10]) et c'est d'ailleurs un motif de plaintes récurrent auprès du Défenseur des droits[11]. Mais au-delà de la perception d'une inégalité de traitement, il y a désormais quelque chose qui se joue autour de la remise en question de la perception d'infériorité se rapportant au grand âge. Les deux aspects sont liés : si des inégalités de droits se posent, c'est qu'il y a une forme de mépris social à l'égard du grand âge et du vieillissement avancé de manière générale.

10 La discrimination dans l'Union européenne, Eurobaromètre Spécial 493, Mai 2019. Cité par le Défenseur des droits, https://www.defenseurdesdroits.fr/fr/dossiers/2021/09/personnes-agees-des-droits-fragilises-par-la-dependance-et-les-discriminations

11 « *L'âge est, pour l'année 2020, le cinquième critère invoqué dans les saisines pour discrimination* » (Claire Hédon, *Recherche sur le vieillissement*, n° 20, 2021). Au niveau de la toute nouvelle plateforme antidiscriminations.fr, l'âge arrive après le handicap, l'origine réelle ou supposée, l'état de santé et le sexe, comme principal critère de réclamations. https://www.defenseurdesdroits.fr/sites/default/files/atoms/files/dp-1an-antid-08.02.2022.pdf

CHAPITRE 1

Je préjuge, nous stéréotypons !

La plupart des actions que nous réalisons au quotidien se font de manière automatique, sans même que nous y prêtions attention. Piquer une frite avec sa fourchette et l'amener à sa bouche, saisir une poignée de porte suivi du petit mouvement du poignet, pédaler en équilibre sur son vélo... C'est un peu pareil en ce qui concerne la compréhension que nous avons de notre environnement. Nous le comprenons sans avoir à réfléchir vraiment, un peu comme si on appuyait sur un bouton de lecture automatique.

Bon, heureusement pour nous, nous disposons de plein de petits boutons de lecture, en fonction de ce qui se présente à nous. Ces petits boutons nous permettent d'économiser un effort d'intelligence d'une certaine manière. Nous fonctionnons alors à « l'économie cognitive » en utilisant des « schèmes de pensée » préétablis, des sortes de lunettes qui rendent visible l'existant tout en orientant notre vision du monde. Pour le dire autrement, nous abordons les gens, comme les événements de la vie, à l'aide d'une grande bibliothèque constituée de savoirs qui nous ont été transmis, mais aussi de connaissances que nous nous sommes fabriquées nous-mêmes par expériences personnelles ou en observant celles des autres.

Dans cette bibliothèque, tout est rangé par catégories à partir d'un trait saillant. Exemple : cet animal a des ailes, c'est un oiseau, il vole contrairement aux poissons qui nagent. Comme dans mon exemple, notre compréhension peut s'avérer fausse car, en réalité, tous les oiseaux ne volent pas (mais ont un bec et pondent des œufs), alors que c'est le cas de certains poissons. Mais après tout, ne dit-on pas que c'est l'exception qui révèle la règle ! Et puis, nous ne sommes pas à une ou deux inexactitudes près quand on sait que la vie serait impossible s'il fallait partir de zéro à chaque fois.

Catégoriser et stéréotyper pour s'adapter

Cette tendance à ordonner l'environnement en termes de catégories constitue un processus psychologique fondamental du fonctionnement cognitif humain. Dès son plus jeune âge, l'enfant apprend à construire des catégories pour traiter l'information qui provient de son environnement. C'est d'ailleurs comme cela que se fait l'apprentissage de l'écriture : l'enfant apprend à écrire en stéréotypant chaque lettre, en exagérant par exemple les différences entre le D et le P. Petit à petit, il va ainsi rassembler derrière cette première figure stéréotypique toutes les variétés possibles de D et de P et pouvoir déchiffrer les différentes écritures. Apprendre à catégoriser et à stéréotyper est donc indispensable pour apprendre quoi que ce soit. Plus encore, disposer de ces catégories mentales est indispensable au précodage de l'information qui nous permet d'évoluer dans un environnement fluctuant.

Ces catégories mentales s'appliquent également à nos congénères. On parle alors de catégorisation sociale. Chaque catégorie regroupe des individus considérés comme semblables, équivalents les uns aux autres, que ce soit en termes d'action, d'intention ou d'attitude. Associé à ces différentes catégories, il y a un manuel de conduites à adopter ou à inhiber, une sorte de guide pour l'action en fonction de la catégorie d'appartenance de la personne avec qui nous nous apprêtons à avoir une interaction. En somme, selon le signe distinctif de la personne qui va diriger notre perception, et donc la catégorie sociale de référence, nous allons interpréter et anticiper différemment les comportements à adopter avec elle.

En cela, la catégorisation sociale est un système de précodage bien pratique pour communiquer avec autrui puisque cela va nous permettre d'avoir des informations immédiates sur une personne et ainsi d'adapter notre comportement à son égard. Rapide, mais en revanche pas toujours efficace, notamment quand ces informations préalables sont basées sur des stéréotypes.

Imaginons maintenant que quelqu'un frappe à votre porte, vous ouvrez. L'interprétation de la situation va être différente selon les caractéristiques immédiates que vous saisissez de la personne qui est en face de vous. Parmi les caractéristiques saillantes qui orientent fortement le regard que nous portons sur une personne, il y a **l'âge, le sexe, l'origine sociale et ethnique**.

Imaginons maintenant que la personne qui est en face de vous soit une femme aux cheveux blancs dont le visage présente des rides marquées. Il est fort probable que ces deux derniers attributs physiques soient les plus puissants et activent la grille de lecture « vieilles personnes ».

Cette grille de lecture, vous l'avez apprise tout au long de votre vie. Elle comprend notamment les croyances socialement partagées concernant les caractéristiques personnelles normalement possédées par ce groupe de personnes (traits de personnalité, comportements). C'est la définition même des **stéréotypes**.

Assurément, ces croyances stéréotypiques vont guider la manière dont vous allez percevoir son intention de rentrer en communication avec vous, ainsi que la manière dont vous allez vous-même vous comporter à son égard.

Les stéréotypes ont une double fonction

Tout d'abord, ils permettent de mettre de l'ordre dans la complexité et la diversité du réel en simplifiant un peu les choses, et par effet boomerang en offrant une explication au réel. Si les membres de tel groupe social se comportent ainsi, c'est parce qu'ils sont comme ci ou comme ça... L'évidence même ! C'est ce qu'on appelle la « **fonction socio-cognitive** » des stéréotypes. Mais ce n'est pas leur seule fonction.

Les stéréotypes permettent aussi de **se différencier de manière positive** par rapport aux autres groupes et de soutenir par là-même une image positive de soi. Nous en usons selon notre intérêt d'une certaine manière, mais sans forcément en avoir conscience.

Il faut dire que la valorisation de notre groupe au détriment d'un « exo-groupe » est un phénomène quasi automatique que les chercheurs ont pu observer dans une situation totalement artificielle : le seul fait de savoir qu'on fait partie du groupe « rouge » (et qu'il existe un autre groupe « bleu ») nous conduit à juger plus positivement les individus supposés appartenir au groupe « rouge » par rapport à d'autres censés appartenir au groupe « bleu ». C'est un mécanisme qu'on observe assez bien dans le sport. Alors si l'on ajoute à cela une longue histoire sociale d'opposition et de conflit entre les groupes, on imagine bien l'ampleur que ce phénomène peut avoir et l'utilité, également, des stéréotypes pour se différencier et jeter le discrédit sur ces supposés adversaires. Car on use et abuse des stéréotypes dans les jeux de pouvoir et les rapports de force ! Non seulement, la différenciation qu'ils impliquent **renforce la cohésion de l'endo-groupe**, mais ils permettent également de **justifier les actions de notre groupe** à l'égard des membres du hors-groupe.

Le hic, c'est que l'**on appartient rarement à un seul groupe social**, surtout aujourd'hui où l'organisation de la société est à la fois plus complexe et moins verrouillée qu'elle a pu l'être. Cette multi-appartenance produit également des identités plus multiformes et il peut y avoir des décalages, voire des contradictions, dans les croyances communes associées à ces différentes appartenances. À titre individuel, c'est **une marge de liberté** que de pouvoir puiser dans telle ou telle référence pour défendre une image valorisante de sa personne. Le problème, c'est souvent les autres ; vous savez ceux qui vous renvoient toujours à une dimension de votre identité sociale : immigré (même à la 3ème génération !), musulman, femme, handicapé, vieux... Eh oui, en vieillissant nos autres caractéristiques sociales, tendent à disparaître aux yeux d'autrui ou du moins à passer au second plan. Finalement, **plus on vieillit et plus on ne devient qu'un vieux aux yeux des autres !**

Les stéréotypes ont tendance à s'activer automatiquement même si on n'y adhère pas !

Il existe tout un pan de recherche en psychologie sociale qui montre que les stéréotypes influencent nos jugements même si nous n'y souscrivons pas. L'expérience de Devine (1989) est assez représentative de cette analyse.

Dans cette expérience, les individus devaient juger le comportement assez ambigu d'un homme qui pouvait donner lieu à plusieurs interprétations. Ce flou est important parce que les chercheurs vont créer deux conditions expérimentales : une neutre, dite de contrôle, et une autre où ils présentaient de manière subliminale des mots associés à la communauté noire aux États-Unis. Les résultats montrent que, dans la seconde condition expérimentale, les individus avaient un jugement plus hostile à l'égard de l'homme et ce quel que soit le degré de racisme affiché. Autrement dit, les images subliminales avaient suffi à activer automatiquement le stéréotype d'agressivité de l'homme noir, venant biaiser le jugement, même celui des personnes qui n'adhéraient pas en conscience à ce stéréotype.

Cette analyse correspond à l'approche cognitive des stéréotypes, critiquée notamment en ce qu'elle ne tient pas compte du fait qu'en situation réelle l'utilisation des stéréotypes dépend fortement du contexte, de la nature de la relation et des objectifs poursuivis par les individus. Néanmoins, elle donne à voir combien les stéréotypes sont extrêmement difficiles à modifier puisqu'ils peuvent continuer à influencer la perception de ceux-là mêmes qui n'y adhèrent pas. En tant qu'enseignant, un prof peut être en désaccord complet avec le cliché qui voudrait que les filles soient moins douées pour les mathématiques que les garçons, et sans le vouloir, considérer que si son élève Anna obtient d'aussi bons résultats, elle le doit avant tout à son travail acharné...

Les stéréotypes liés à l'âge **conditionnent fortement** les modes de communication et d'interaction que nous avons avec des personnes plus âgées, la plupart du temps sans même que nous nous en rendions compte. Car le problème, c'est que dès lors qu'on a activé le bouton automatique « vieux », on ne regarde plus la personne telle qu'elle est, mais on l'appréhende à partir des caractéristiques que nous associons à cette même catégorie. Or, nous l'avons vu, les premières images qui nous viennent à l'esprit ne sont pas forcément très positives : lenteur, inadaptation, déclin des capacités, dépendance...

Ces images ne sont pas pour autant totalement fausses. C'est d'ailleurs ce qui fait leur force, elles recèlent une part de réalisme. Mais ce sont des images exagérées et partielles, et c'est en cela qu'elles faussent notre perception. Car **les stéréotypes sont avant tout des généralisations**, comme si tous les membres d'une catégorie partageaient forcément les mêmes propriétés. Cette tendance à accentuer les ressemblances entre les individus d'un même groupe est clairement un des effets déformants de la pensée stéréotypique. Les psychologues sociaux appellent cela le « **biais d'assimilation** ». On le trouve combiné à un autre **biais cognitif dit** « **de contraste** » et qui consiste cette fois à accentuer les différences avec des individus d'un autre groupe social. Ces biais cognitifs déforment notre compréhension des choses en créant des frontières entre « eux » et « nous ». Très concrètement, c'est ce qui nous fait considérer que tous les vieux se ressemblent. On ne les voit plus que comme une masse homogène, gommant ainsi toute la pluralité et la diversité des parcours et des expériences de chacun, mais effaçant aussi ce qui fait le trait d'union avec l'ensemble de la communauté. Ils deviennent des « autres », différents d'un « nous ».

Mais de quel « NOUS » peut-il bien s'agir ?

Généralement, c'est un « nous » fictif qui cristallise avant tout un sentiment de différence avec quelqu'un ; le « nous » qui marque la figure de l'étranger, autrement-dit celui qui n'est pas semblable à soi. On l'a vu pendant la crise socio-sanitaire liée à la Covid-19, ce « nous » peut s'incarner à l'occasion. Dans le contexte de déstabilisation majeure que nous avons connu, particulièrement propice aux postures défensives, les vieux ont pu être tenus pour responsables des restrictions généralisées comme si finalement toutes ces contraintes étaient de leur fait à « eux », comme si le reste de la population se sacrifiait pour « eux ».

On voit bien ici que les stéréotypes ne sont jamais très loin dès qu'il s'agit d'opposer des groupes d'individus. Bien sûr, les chiffres montraient clairement un risque létal plus élevé chez les plus âgés ; mais on peut penser que cela a activé plus fortement encore les réactions hostiles et stigmatisantes à leur égard – parce que cette information s'accordait très bien avec les images de la vieillesse comme décrépitude et des personnes âgées vues avant tout comme un poids pour la société.

Parfois l'utilisation des stéréotypes négatifs à propos de certains groupes sociaux relève clairement d'un moyen à des fins utilitaires : dévaloriser, discréditer un individu ou un groupe d'individus afin d'en tirer un bénéfice pour soi. Dans ce cas, leur usage relève d'une stratégie individuelle ou collective. Mais, bien souvent, c'est totalement inconscient et sans forcément volonté de nuire à autrui. Eh oui, les biais associés aux stéréotypes ne se présentent pas à nous en sonnant la cloche. Voilà le problème. Nous nous faisons abuser sans même en avoir conscience. Vous voyez ces nudges[12] en forme de mouche dans les pissotières pour que les messieurs visent juste ? Eh bien, c'est la même chose. On obéit « à l'insu de son plein gré », comme diraient certains.

12 *Nudge* (mot anglais) : technique d'incitation comportementale, littéralement « coup de pouce ».

Ces effets déformants sont d'autant plus délétères que les stéréotypes rendent compte généralement de la nature des rapports sociaux dans une société. En tant que « construit social », **ils reflètent les inégalités et les rapports de force** qui sont plus ou moins préjudiciables à tel ou tel groupe social. En ce sens, les stéréotypes sont, tout à la fois, le reflet et l'instrument de maintien des inégalités.

En matière d'emploi, l'âgisme est roi !

Où en est-on en France en matière d'emploi des seniors alors même que se pose à nouveau l'enjeu d'une réforme des retraites avec un recul de l'âge minimum de départ à la retraite à 64 ou 65 ans, contre 62 ans actuellement ?

Les chiffres témoignent de conditions d'emploi complexes. Le taux de chômage des seniors est plus faible que dans la population générale (7,2% parmi les 55-64 ans contre 10,1% parmi les 15-64 ans)[13], mais la durée au chômage des seniors est élevée et la fréquence des retours à l'emploi faible[14]. Si l'on s'en tient aux taux d'activité et taux d'emploi des 55-64 ans, les chiffres sont faibles également (respectivement 53,7% et 49,8%) et plus encore après 60 ans (31%). Enfin, on peut noter que

13 Chiffres 2016, https://www.strategie.gouv.fr/sites/strategie.gouv.fr/files/atoms/files/dt-discriminations-age-29-novembre-2018_0.pdf

14 La part des demandeurs d'emploi de longue durée est bien supérieure chez les 55 ans ou plus (60,2% en 2018 contre 41,8% pour l'ensemble des demandeurs d'emploi). https://dares.travail-emploi.gouv.fr/publications/contraintes-physiques

l'âge effectif de départ à la retraite est autour de 60 ans, bien en deçà de la moyenne des pays de l'OCDE[15].

Au-delà des inégalités sociales qui modèlent les trajectoires d'emploi de chacun, se pose donc la question de l'âge des actifs comme facteur déterminant la situation d'emploi et ce aux deux extrémités des âges de la vie active. Les plus jeunes, comme les plus vieux, sont confrontés à des conditions d'emploi plus difficiles, faisant inévitablement ressortir la question des discriminations âgistes.

Selon le Défenseur des droits, l'âge est le premier critère de discrimination ressentie par les salariés dans l'emploi. En situation d'embauche, avoir plus de 55 ans est même perçu comme le principal inconvénient avec le fait d'être une femme enceinte[16].

Ce n'est pourtant que depuis 2001 que le motif d'âge est intégré dans le code du travail comme un des motifs discriminatoires interdits par la loi dans le domaine de l'emploi. C'est plutôt tardif vu que, en France, les premiers textes sur la discrimination dans l'emploi datent de 1982 avec le vote des lois « Auroux »[17] et que l'intégration du critère de l'âge rend compte de la transposition d'une directive européenne.

15 Les chiffres de 2016 sont en France de 60 ans pour les hommes et 60,3 ans les femmes, contre respectivement 65,1 ans et 63,6 ans pour la moyenne des pays de l'OCDE.

16 7ème baromètre 2014. https://www.defenseurdesdroits.fr/sites/default/files/atoms/files/ddd_etu_20140101_barometreoit_resultats.pdf

17 Slama, S. (2016). La disparité des régimes de lutte contre les discriminations : un frein à leur efficacité ?, La Revue des droits de l'homme, 9. http://journals.openedition.org/revdh/2061

Pourtant dans un rapport d'information datant de 1961 et figurant dans le rapport Laroque, on peut lire : « *Les difficultés de placement des travailleurs se font sentir de plus en plus tôt (...) Tout se passe alors comme si toute la collectivité (profession, entreprise) se liguait pour interdire l'accès d'un homme de 50 ou 55 ans (et parfois de 40 ou de 35 ans) en son sein. On craint la concurrence de cet intrus, et l'on est trop enclin à le persuader qu'il est "vieux".* »[18]

Le sujet n'est pas nouveau, et c'est peut-être cela le plus troublant : on le croit d'actualité alors même qu'il était déjà présent dans une période dite de plein emploi. Cela souligne le poids des représentations dans le traitement des travailleurs âgés, plus encore que l'état du marché du travail.

La vision déclinante du vieillissement entache d'une certaine manière la perception d'employabilité des actifs les plus âgés. Là où la perte des capacités caractérise les grands anciens, c'est le manque qui tend à représenter les seniors dans le monde du travail. Manque de souplesse. Manque d'adaptabilité. Manque de capacités apprenantes. Bien sûr, les acquis de l'expérience sont aussi reconnus[19], mais ils ne semblent pas toujours compenser la perception d'affaiblissement physique et de difficultés d'adaptation au changement et aux nouvelles technologies.

18 Rapport d'information sur la prolongation du temps moyen de la vie face aux problèmes de l'emploi et de la retraite, par M.J.-R. Debray, 4 juillet 1961. In Rapport Laroque, Réédition 2014, L'Harmattan.

19 Defresne M., Marioni P. et Thévenot C. (2010), « *L'opinion des employeurs sur les seniors : les craintes liées au vieillissement s'atténuent* », Dares Analyses, n° 055, septembre.

En n'oubliant pas que les stéréotypes s'inscrivent aussi dans un rapport de force, il est un paradoxe que l'on peut pointer : alors que le rendement croît avec l'expérience, les rémunérations diminuent pour les salariés à temps plein à partir de 57 ans, et à partir de 54 ans pour les peu qualifiés[20].

20 Flamand, L, Gilles, C. & Trannoy, A. (2018). *Discriminations selon l'âge*, Revue de littérature et effet de l'âge sur les conditions d'emploi et de salaire à partir de l'enquête Emploi. France Stratégie. https://urlz.fr/jflO

CHAPITRE 2

Les stéréotypes âgistes trompent notre perception et notre jugement

Histoire courte

Monique a 71 ans. Elle fait partie d'une association de son quartier qui vient en aide aux sans domicile fixe et aux personnes démunies en leur offrant un accueil le matin, un petit-déjeuner, une écoute, un échange. Depuis l'arrivée du nouvel éducateur, seul salarié de l'association, ils ont même développé des ateliers thématiques, notamment autour de l'inclusion numérique. Comme cela implique des ressources plus importantes, Monique s'est vu proposer comme mission la recherche de subventions. Elle a le temps, elle est à la retraite. Elle s'est beaucoup investie dans cette tâche, sollicitant divers organismes, institutions et entreprises. Cela lui plaît beaucoup, parce qu'elle y croit bien sûr, mais pas que... Parvenir à attirer l'attention d'un tiers, l'accrocher et l'amener à consentir à un accord, c'est une grande source de satisfaction pour elle. La persuasion a toujours été un terrain de jeu qu'elle affectionne, mais disons que la vie à la retraite ne lui donnait que rarement l'occasion de pratiquer son art. Elle se régale et cela marche plutôt bien. Lors d'une réunion de l'association, elle fait état – non sans fierté – des partenariats acquis. Et cela fait son petit effet. On la félicite :

– *Bravo, c'est super, je ne m'attendais pas du tout à ça !*

– *Oui excellent, c'est même surprenant que ça marche aussi bien !!*

« Ah bon, carrément surprenant ? » se dit Monique…

– *En quoi donc cela est si surprenant ?* interroge-t-elle.

– *Ben heu non mais… (ton gêné). C'est juste que tu as encore plus de mérite à ton âge !!*

Ce compliment laisse un goût amer à Monique qui réfléchit de longs jours sur ces remarques. Une telle amertume qu'elle envisage désormais de quitter l'association…

Que s'est-il joué selon vous derrière cette scène ? Jalousie des uns ? Orgueil et susceptibilité exacerbée de l'autre ?

L'ego n'est jamais loin, c'est certain, mais il y a quelque chose dans cette histoire qui appuie là où ça fait mal. **La performance et la réussite peuvent-elles s'accorder avec ce qui est vieux, autrement dit, avec ce qui est là depuis longtemps ??**

Dans certains domaines, cela s'accorde plutôt bien. Pensons au domaine politique par exemple. Mais une femme à la retraite, tout de même, c'est un peu décalé !

J'en viens donc au cœur de mon propos : l'impact des stéréotypes sur la perception, la mémorisation et le jugement.

Un peu de psychologie

Des études déjà anciennes ont montré, en situation de laboratoire – c'est-à-dire au cours d'une expérience où des individus sont confrontés à des personnages fictifs ou des comparses du chercheur – comment le fait de savoir qu'une femme est homosexuelle influence ce que ces individus retiennent parmi toutes les informations qu'ils peuvent recevoir sur elle. Ils privilégient les informations conformes à l'image qu'ils se font d'une homosexuelle et « oublient » les autres.

Tenant compte de ce biais mémoriel, je vous le donne en mille : sur quelles informations vont-ils s'appuyer, plus tard, au moment de porter un jugement à l'égard de ladite femme ? Eh bien fatalement sur celles qu'ils ont conservées en mémoire ! Informations biaisées qui, par ailleurs, finissent par conforter l'image qu'ils se font d'une femme homosexuelle. La boucle est bouclée...

Ce tri sélectif consistant à ne retenir que les informations conformes à nos croyances est un fonctionnement « normal » de notre cerveau. Les psychologues sociaux parlent de **« biais de confirmation »**. On le retrouve dans le cas des stéréotypes, mais cela concerne globalement nos opinions. En somme, notre cerveau est sensible aux informations qui confirment nos opinions et nos croyances, écartant spontanément et inconsciemment les autres données disponibles.

Pour illustrer l'impact des stéréotypes sur la perception et le jugement, il était coutume dans mes années d'étudiante à la faculté de psychologie de présenter deux expériences « cultes » où il était question des stéréotypes associés à la communauté noire aux États-Unis.

Dans la toujours célèbre étude sur les rumeurs réalisée par Allport et Postman en 1947, on présentait à des individus de type « blanc » une scène qui se déroulait dans une rame de métro et dans laquelle figurait un homme blanc habillé en « ouvrier » qui tenait un rasoir à la main face à un homme noir, habillé en costume style employé de bureau. Tel le principe du téléphone arabe, on demandait à une première personne de décrire ce qu'elle avait vu à une autre, qui le décrivait ensuite à une autre et ainsi de suite. Les chercheurs établissaient ainsi expérimentalement une chaîne de rumeur. Dans plus de la moitié des cas, c'est l'homme noir qui finissait avec le rasoir dans la main en posture d'agresseur de l'homme blanc. Vu l'époque, cet aboutissement n'a presque rien d'étonnant, d'autant plus que de tels préjugés étaient complètement acceptés et ne faisaient l'objet d'aucune censure publique.

L'autre expérience date de 1976. Dans le même esprit que la première, les chercheurs (Duncan et coll.) demandent à des individus d'évaluer le comportement d'un « agresseur ». Lorsque celui-ci est blanc, 17% des individus jugent qu'il a un comportement violent, contre 75% lorsque l'agresseur est noir...

On serait presque tenté de se dire que ces jugements stéréotypés sont émis volontairement pour dévaloriser et justifier les rapports sociaux inégalitaires à l'égard des individus noirs. Il y a de ça, je l'évoquais plus haut, mais un tel effet déformant des stéréotypes a par ailleurs été observé à plein d'autres égards. Par exemple en situation de recrutement, à qualités égales, une femme est évaluée plus négativement que son homologue masculin et particulièrement lorsqu'il s'agit de postes traditionnellement réservés aux hommes. Ce phénomène n'est pas propre aux recruteurs masculins, il concerne tout autant les femmes qui recrutent.

Des effets déformants de même type ont été observés par rapport à l'âge. On va avoir naturellement tendance à sélectionner, mémoriser et interpréter les informations disponibles sur un « senior » en fonction d'idées préconçues sur les gens d'un certain âge. La compréhension de ses attentes, de ses besoins, mais aussi de la finalité de notre interaction, tout cela risque d'être influencé par l'image toute faite que nous avons d'une vieille personne.

Ces jugements inadaptés ne sont pas forcément graves. Proposer sa place dans le métro à un homme aux cheveux blancs n'est pas un crime, ça part au contraire d'une intention généreuse et, dans bien des cultures, c'est un signe de respect. Mais si lui n'a rien demandé et n'attendait rien en ce sens, cela peut heurter son ego, l'image qu'il se fait de lui-même, puisqu'il va prendre la mesure du regard qui est porté sur lui, à savoir celui d'un monsieur âgé, plus fragile, qui a besoin d'être ménagé. Parfois, ces décalages peuvent carrément prêter à plaisanterie : vous discutez avec Solange, votre grand-tante de 80 ans ; par un « *quoi ?* » elle vous invite à répéter ce que vous venez de dire, et instinctivement vous vous mettez à élever la voix et à articuler exagérément. La réponse ne se fait pas attendre : « *Dis donc, je ne suis pas encore sourde et sénile, pas besoin de hurler !* »

Même s'ils apparaissent insignifiants, la répétition de ces jugements inadaptés peut affecter la personne qui les reçoit ; nous aurons l'occasion d'y revenir dans le chapitre suivant. Par ailleurs, il y a aussi d'authentiques erreurs de jugement qui portent davantage à conséquence. Tel est le cas quand il s'agit d'établir un diagnostic ou de proposer un traitement médical.

Stéréotypes âgistes et santé

Aussi naturellement que pour tout un chacun, les stéréotypes se glissent insidieusement dans les pratiques des professionnels de santé, les amenant ainsi à considérer que certains symptômes sont des maux normaux de la vieillesse et non des affections susceptibles d'être traitées. **C'est particulièrement vrai pour les symptômes dépressifs qui restent largement sous-évalués chez les sujets âgés**. Cette sous-évaluation s'explique en partie par une symptomatologie plus complexe, mais indéniablement elle repose aussi sur des biais de perception et de jugement. Si, souvent, l'apathie et la tristesse ne détonnent pas chez la personne âgée, c'est parce qu'elles semblent pouvoir s'expliquer par son vieil âge et son cortège de pertes. Puisqu'il s'agit d'une humeur normale contre laquelle on ne peut rien, pourquoi la diagnostiquer et la traiter ? Non seulement cette conception de la vieillesse comme décrépitude et tristesse biaise le regard des soignants, mais elle déforme aussi celui des plus âgés qui sont sujets à ces troubles, et celui de leurs proches, qui de leur côté aussi sont moins susceptibles de demander de l'aide.

Puisque les troubles dépressifs sont mal diagnostiqués, rien de surprenant finalement à ce que **le suicide chez les vieilles personnes suscite également peu d'intérêt, et ce alors qu'il représente tout de même la troisième cause de décès chez les plus âgés**, après les cancers et les accidents cardio-vasculaires[21]. Le suicide des plus âgés interroge moins que chez les plus jeunes parce qu'il paraît beaucoup moins déroutant de se donner la mort dans ses dernières années que dans la force de l'âge. Plus encore, on peut même le comprendre, en trouvant dans la vieillesse des justifications objectives à ce geste sans retour. Simone de Beauvoir, dans son ouvrage sur la vieillesse, décrivait la majorité des suicides de vieilles personnes comme « *des réactions normales à une situation irréversible, désespérée, vécue comme intolérable*[22] ». Dans la pensée commune, c'est comme si la vieillesse ne pouvait être que dégénérescence et déclin... Comme si, aussi, l'environnement dans lequel on vieillissait n'avait aucune influence sur notre expérience du vieillissement dans le grand âge.

Ce prisme déformant participe du faible intérêt pour la question du suicide chez les plus vieux, mais il interfère aussi dans le « chiffrage » de cette réalité qui reste largement sous-évaluée. Certains comportements suicidaires ne sont pas

21 Observatoire national du suicide. *Suicide, connaître pour prévenir : Dimensions nationales, locales et associatives.* Paris : ministère des Solidarités et de la Santé. Mis à jour en février 2016. Source citée dans Bonte-Baert, A. (2020). *Application de la thérapie comportementale dialectique à une personne avancée en âge à risque suicidaire.* Thèse de doctorat en médecine, Université de Picardie Jules Verne.

22 Simone de Beauvoir, *La Vieillesse*, Gallimard, 1970.

forcément reconnus comme tels et donc recensés, c'est ce qu'on appelle les « équivalents suicidaires », comme le refus d'aide. Mais, même sans cela, il semblerait que la mort par suicide soit moins souvent retranscrite dans l'avis de décès des plus âgés et l'autopsie moins souvent réalisée.

Je me suis concentrée ici sur les problèmes psychologiques, mais j'aurais pu vous parler du traitement du cancer du sein chez la femme âgée où les études montrent l'existence d'un traitement différencié selon l'âge. J'aurais pu aussi vous parler du recours au traitement chirurgical, à la transplantation d'organes ou à l'utilisation d'interventions coûteuses où de tels effets différenciés ont été observés dans des études américaines et norvégiennes. J'aurais pu également vous parler des prescriptions médicamenteuses beaucoup plus lourdes adressées aux plus âgés, et cela à symptômes équivalents. Inflation de médicaments donc ! Or « *beaucoup de médicaments sont responsables de plusieurs pathologies chez les patients âgés telles que la dépression (de nombreux médicaments sont dépressiogènes), la dénutrition, les chutes, la confusion aiguë ou encore les neuropathies* » ; et ça, ce n'est pas moi qui le dis, mais des gériatres qui ont travaillé sur le dispositif « Yatro »[23]. En d'autres termes, on se rend compte que la surmédicamentation a des effets d'aggravation sur les troubles qui sont justement les moins diagnostiqués chez les plus vieux. Quel cercle pernicieux généré par les stéréotypes âgistes !

23 https://sfgg.org/espace-presse/communiques-de-presse/yatro-un-dispositif-unique-en-france-pour-lutter-contre-liatrogenie-medicamenteuse/

Les stéréotypes âgistes modèlent notre manière de communiquer

Dès lors que les stéréotypes orientent notre compréhension et notre interprétation d'une situation, ils orientent par voie de conséquence nos conduites à l'égard des personnes qui en sont les cibles. C'est inévitable, à commencer par la manière dont nous allons entrer en interaction avec elles. Notre manière de communiquer est empreinte de ces schémas de pensées toutes faites. Encore une fois, c'est un réflexe plutôt utile pour s'adapter rapidement, mais c'est un réflexe qui peut faire mal à l'autre quand ces jugements préconçus sont dévalorisants.

Les professionnels du soin et de l'aide à la personne n'échappent pas à la règle, il peut même leur arriver de présenter une vision encore plus pathologique de la vieillesse qui va s'insinuer dans leur manière d'être en interaction avec les personnes âgées. De plus en plus de travaux rapportent de tels effets dans la communication : praticiens « *moins engagés, moins respectueux, moins équitables et (qui) offrent moins de soutien lorsqu'ils s'adressent à un patient âgé*[24] », discours condescendant et infantilisant des professionnels intervenant auprès des personnes âgées fragiles et dépendantes, etc. Parmi les formes de discours condescendants, il y a le langage bébé.

24 Dozois (2006) in *Conseil des aînés du Québec* (2010). Avis sur l'âgisme envers les aînés.

Le langage bébé

Le « langage bébé » est une forme de communication qui a été observée à l'égard des plus vieux. Comme son nom l'indique, il s'agit d'un langage plutôt simpliste où l'on va utiliser des mots simples, des phrases courtes, en adoptant également une communication non verbale exagérée : la voix est transformée, souvent plus aiguë, on va se mettre à parler plus fort ou plus lentement, on va avoir tendance à se rapprocher de la personne avec des mimiques plus prononcées, etc...

En gros, on exagère pour être sûr de bien se faire comprendre, comme on le ferait avec un bébé ou un jeune enfant qui n'aurait pas encore complètement acquis les compétences langagières.

C'est une forme de communication qui a été observée chez les professionnels soignants, généralement dans le but de favoriser la compréhension et le rapprochement avec la personne âgée. L'objectif est donc plutôt sain et bienveillant. Le « langage bébé » part d'un bon sentiment de professionnels inconscients de la charge de préjugés négatifs qu'il véhicule par ailleurs. Leur comportement leur paraît maternant et bien intentionné. Ils ne cherchent pas à nuire, mais à répondre aux besoins plus spécifiques des individus dont ils ont la charge de prendre soin.

Voilà toute l'ambivalence et l'ambiguïté de ces comportements. Sans que leurs auteurs en aient pleinement conscience, ces « bonnes intentions » procèdent de considérations d'ordre général sur le vieillissement. C'est parce qu'on sait avant de connaître que l'on peut devancer les besoins d'une vieille personne ; ses caractéristiques individuelles sont comme occultées par son âge avancé. Cela peut être d'autant plus pernicieux que **ces comportements sont adoptés à l'égard de personnes présentant effectivement un signe de fragilité ou une pathologie se prêtant aux stéréotypes âgistes**. Le fait qu'une personne présente déjà un stigmate de fragilité ouvre chez son interlocuteur un tiroir mental qui pourrait porter l'étiquette « vieux dépendant ». Il se produit alors ce qu'on appelle un « **biais d'association** » : notre cerveau s'appuie sur un élément tangible observable pour convoquer nombre d'autres informations qui, elles, ne sont pas réelles. Ces informations ne caractérisent pas réellement la personne mais lui sont attribuées par généralisation de toutes les caractéristiques présentes dans ce fameux tiroir mental « vieux dépendant ». C'est cela l'âgisme : des erreurs de lecture qui entraînent des comportements déplacés et discriminants.

Tous en scène : le poids du contexte dans les préjugés

Les professionnels qui adoptent un « langage bébé » vis-à-vis des personnes âgées auprès desquelles ils travaillent mobilisent ce langage dans un contexte donné, une situation pré-codée en lien avec les statuts et les rôles bien spécifiques des uns et des autres. **Ces statuts et rôles, propres à la situation du moment, induisent des rapports institués qui prescrivent certains types de communication et en interdisent d'autres.** En d'autres termes, les positions de chacun sont reliées au contexte social d'interaction qui va réguler les échanges, comme c'est le cas par exemple dans un établissement d'hébergement pour personnes âgées. C'est un peu comme si les échanges étaient normés et formatés par ce contexte.[25]

Les objectifs et les buts que se fixent les individus dans leur échange (réconforter, assister, distraire, solliciter...) sont non seulement cadrés par cette situation commune, mais ils influencent aussi le contenu et le style des communications.

Ainsi, lorsque vous pénétrez dans le cabinet de votre médecin, vous allez vous adresser à lui de manière bien spécifique, d'une manière conforme au cadre de cette interaction. Pas question de faire un petit pas de danse ou de se mettre à chanter la Traviata. A priori du moins. Vous n'entrez pas non plus en communication avec votre médecin pour le convaincre ou le conseiller sur la couleur de sa chemise ; de fait, votre style de communication sera adapté au but de l'échange et aux objectifs poursuivis. En revanche, si vous croisez votre médecin au festival des Vieilles Charrues, vous n'êtes plus un patient qui rencontre son médecin dans son cabinet, mais deux festivaliers bien heureux de se faire plaisir. Souvent, ce changement de cadre peut laisser un peu de gêne sur la manière d'engager la conversation ; et s'il est possible que vous échangiez quelques mots sur les concerts auxquels vous avez assisté, il est beaucoup moins probable que vous vous mettiez à parler de vos derniers soucis de santé.

---

25 Je me centre ici sur le contexte social et psycho-social, mais il est évident que l'environnement physique façonne aussi à sa manière les types d'interaction et les façons de communiquer.

À travers cet exemple, on voit bien comment le contexte donne sens à la situation de communication et modèle les échanges. Si l'on revient à notre établissement d'hébergement pour personnes âgées, les professionnels qui y exercent n'occupent pas forcément les mêmes fonctions. Infirmier coordinateur, aide-soignant, aide médico-psychologique : tous, dans leur rôle spécifique, vont cependant interagir de manière particulière avec les résidents. Bien évidemment, l'objectif poursuivi par chacun sera différent, ce qui joue sur le type de registre communicationnel adopté. Néanmoins, tous travaillent auprès de personnes âgées, souvent diminuées ou atteintes de pathologies multiples, dont il leur incombe de prendre soin. Le cadre de cette mission fait qu'ils auront tendance à entrer en communication, chacun à sa façon, avec les résidents pour les prendre en soin.

Je me permets une petite incidente pour souligner combien – au grand dam des DRH qui recherchent souvent l'uniformisation des pratiques professionnelles – chaque individu s'approprie de manière singulière son rôle professionnel. Certains considéreront, par exemple, que leur rôle est avant tout de protéger « leurs » résidents, d'autres estimeront qu'ils sont là pour apporter un peu de joie dans le quotidien, pour d'autres encore leur travail n'aura d'autre sens qu'une suite d'actes techniques (cette liste n'étant absolument pas exhaustive). Chacun trouve un sens personnel à son rôle, ce qui ne manque pas d'influencer la façon d'exercer le métier ; c'est la différence entre « rôle subjectif » et « rôle en acte ».

Il est vraisemblable qu'un aide-soignant impliqué dans son travail et cherchant à répondre aux besoins d'assistance se montrera plus sensible aux comportements de dépendance des résidents, plutôt qu'à toutes autres demandes ou manifestations de leur part. C'est tout à fait normal dans un sens puisque c'est son rôle de répondre au besoin d'aide des résidents. L'effet pervers de cela – mis en évidence par certaines études – est que **le personnel soignant peut avoir tendance à ignorer les comportements autonomes des résidents pour ne porter attention et ne répondre qu'aux gestes nécessitant une assistance.** Or ce que disent aussi les chercheurs, c'est que le fait d'entrer en communication avec une personne âgée seulement pour répondre à un besoin d'assistance **encourage chez elle l'adoption de comportements de dépendance** puisque seuls ceux-ci sont **récompensés par plus d'échanges sociaux**.

Il y a là un enchevêtrement d'éléments qui finissent par former une sorte de nœud empêchant de construire avec les personnes vivant dans ces établissements des relations qui sortent du cadre aidants-vulnérables ou soignants-malades. Je m'explique.

D'un côté, le fait de travailler auprès de personnes âgées malades ou en perte d'autonomie tend à accentuer la prégnance du stéréotype de déclin intellectuel et physique (Gaymard, 2006 ; Crutzen & coll, 2022), dont on sait par ailleurs qu'il génère des biais dans la perception, la mémorisation et le jugement des individus.

D'un autre côté, le rôle professionnel d'aidants ou de soignants rend plus sensibles ces derniers aux manifestations de faiblesse ou d'incapacité, de sorte qu'ils se montrent plus enclins à interagir avec les personnes âgées qui manifestent un besoin de cet ordre.

Tout se passe comme si s'instituait un maillage enfermant les sujets âgés dans la seule posture de dépendants qui les prive finalement de la possibilité de s'exprimer sur d'autres scènes. Lesquelles me direz-vous ? Eh bien celles de l'autonomie, du travail, du ludique, du plaisir, du désir ou encore des élans existentiels ou des questionnements métaphysiques.

Mon trait est un peu grossier et les professionnels des établissements pour personnes âgées voudront bien, je l'espère, m'en excuser. Si je force ainsi le trait, ce n'est pas pour les pointer du doigt, mais pour mettre en avant le fait que si on vous enferme (même sans le vouloir) dans un rôle ou une posture donnée, il est extrêmement difficile d'en sortir et de composer d'autres possibles. Si on ne voit de moi qu'une petite vieille dame polypathologique, qui a besoin d'aide pour la toilette ou pour se déplacer et peut par ailleurs manifester des troubles du comportement lors des soins, cela limite quelque peu mon champ d'expression.

L'exclusion du champ de la communication

La prégnance des stéréotypes se rencontre aussi dans l'attitude qui consiste à parler à la personne âgée de manière indirecte, en s'adressant non pas à elle-même mais à des tiers, par exemple à ses proches, alors que le sujet la concerne au premier chef.

Cette exclusion de la communication peut se manifester sous des formes diverses. Prenons par exemple une structure d'aide à domicile. Premier cas de figure : un responsable de la structure se rend chez une personne âgée pour réaliser une visite d'évaluation des besoins. Lors de cet échange, il va s'adresser quasi exclusivement aux enfants pour recueillir les informations dont il a besoin alors même que la personne est bien présente physiquement avec lui. Second cas de figure : dès qu'une question ou un problème se pose dans l'accompagnement d'un homme ou d'une femme âgés, le professionnel passe exclusivement par son enfant alors même que son père ou sa mère ne bénéficient d'aucune mesure de protection – type tutelle ou curatelle – et qu'ils ne présentent pas de signe d'altération de leurs fonctions cognitives.

Bien sûr, les stéréotypes ne sont pas responsables de tout, et il se peut que par confort, sécurité ou par souci d'aller plus vite, on trouve plus facile d'échanger directement avec les proches. On évite ainsi de se confronter à un échange plus laborieux ou de se mettre à dos la famille. Néanmoins bien souvent les stéréotypes ne sont pas loin car, au-delà des difficultés de communication, il y a aussi l'idée que les proches seront plus à même de fournir les informations exactes sur les besoins de la personne. Comme pour le langage bébé, la présence d'un signe de fragilité vient fausser la perception avec des inférences qui n'ont pas lieu d'être et qui vont disqualifier la personne dans sa globalité. C'est un peu comme si notre cerveau marchait de manière binaire tel un ordinateur ; c'est tout ou rien, soit la personne est « capable », soit elle n'est « pas capable », mais il n'existe pas de nuance entre ces deux pôles.

On retrouve donc les mêmes ressorts ou les mêmes sous-entendus, à savoir que les vieilles personnes sont à ce point diminuées et frappées d'incapacités qu'elles ne sont plus en mesure de comprendre, de participer à un échange, ni même d'exprimer un avis ou une réponse qui soient sensés, intelligibles ou même audibles.

Ce type de conduite par laquelle on exclut quelqu'un de la communication du fait d'une incapacité supposée (ou d'une perception exagérée de celle-ci) est quelque chose d'extrêmement violent, d'autant plus quand ce dernier est physiquement présent. La personne concernée perçoit le regard négatif et dévalorisant qui est posé sur elle, peut-être pas consciemment, mais elle le ressent. Lorsque ces formes de communication sont systématisées et engagées sans fondement réel, c'est-à-dire sans être adaptées aux capacités de la personne, elles sonnent comme des insultes à l'ego, des atteintes à l'image de soi. Les mots sont peut-être forts mais – on se doit d'insister – cela porte vraiment atteinte à l'intégrité. Pire encore, c'est un rapport d'échange inégalitaire qui s'installe, puisqu'on ne reconnaît pas à l'autre le droit de cité.

Vous l'aurez compris, dans ce domaine en particulier, la communication n'est jamais neutre. Elle dit toujours quelque chose de ce qu'on pense de l'autre et de la nature de la relation : égalité, supériorité ou subordination ?

Biais de jugement quand tu me tiens !

Témoignage de Philippe Blanchard, « Je demande à pouvoir vivre debout » [26]

« Un des problèmes de la maladie d'Alzheimer comme pour le fait de vouloir maigrir rapidement comme avec le X***, parmi bien d'autres, c'est le changement de regard que les gens portent sur nous mais aussi celui que je porte sur moi-même.

En 2013, les difficultés étaient déjà présentes depuis plus d'un an. J'avais du mal à trouver mes mots et de plus en plus de problèmes pour m'organiser mais je mettais tout ça sur le compte du surmenage. J'étais un homme respecté dans son métier. Médecin, je menais à bien des études importantes et je me sentais bien dans ma vie.

Après l'annonce du diagnostic c'est différent.

Dans le regard des autres : si je vais bien, on pense que je suis dans le déni de la maladie parce que j'aurais des atteintes frontales, si j'ai le blues on dit que je suis dépressif à cause de la maladie et on veut me prescrire des antidépresseurs.

Si on ne comprend pas une de mes plaisanteries on demande à ma femme s'il m'arrive de délirer. On s'adresse à elle plutôt qu'à moi, on doute de ce que je dis…

Dans mon propre regard : je perds confiance, je doute de moi, parfois je me sens nul.

26 Témoignage publié en 2015 sur l'Espace national de réflexion sur la maladie d'Alzheimer (consulté le 13 juillet 2022). http://www.espace-ethique-alzheimer.org/

Je suis la même personne. Pourtant, c'est comme si avant le diagnostic tout est normal, avec de petits dysfonctionnements auxquels on ne porte pas tellement attention, et du jour au lendemain c'est l'inverse tout devient a-normal.

Je veux croire que mon avenir ne sera pas que sombre, je veux continuer à parler même si j'ai du mal à trouver mes mots, je veux garder tout son sens à ma vie.

Je demande à pouvoir vivre debout, à ne pas être considéré comme un dément. Je ne suis pas dément, privé de raison. J'ai juste une maladie qui brouille les pistes, me rend le langage difficile, la compréhension plus lente, je ne sais plus faire une addition écrite mais est-ce que ça me rend moins humain ?

Comme tout être humain, je mesure ma valeur à l'aune du regard de ceux qui m'entourent.

Alors je dis merci à tous ceux qui n'ont pas peur de moi, qui n'ont pas peur des blancs dans la conversation ou de me mettre mal à l'aise. Ceux avec lesquels je peux continuer à plaisanter sans qu'ils s'inquiètent pour ma santé mentale. Tous ceux qui me parlent avec naturel en tenant compte de ma différence et non en ne voyant qu'elle. ("Dingdingdong – ICS Maladie de Huntington — Transneuro")

Je suis toujours le même, j'ai juste plus de difficultés avec une partie de mon cerveau mais j'éprouve toujours des sentiments et j'ai envie de vivre et d'être heureux, et pour cela j'ai besoin de continuer à être en relation et avoir des regards positifs sur moi. Pas pour mes prouesses intellectuelles mais pour ce que je suis. Une personne avec un caractère agréable ; je suis patient pour perdre du poids comme avec le P***, je suis à l'écoute des autres, on dit souvent de moi que je suis quelqu'un de gentil. C'est surtout pour ces qualités que mes patients m'aimaient, ce sont celles que mes proches apprécient, ces qualités je les ai encore en moi et bien d'autres qui ne dépendent pas de l'intellect.

Tous les matins je conduis mon fils à l'école ; je ne l'ai presque jamais fait pour mes aînés car je travaillais trop. Je n'idéalise pas la maladie, mais je ne la diabolise pas non plus. Je dois faire avec ; je n'ai pas le choix et mes proches non plus. Et bien souvent il nous arrive d'être heureux...

CHAPITRE 3

Impact de la communication stéréotypée sur les plus âgés qui la reçoivent

La façon de parler aux personnes âgées et le choix des mots utilisés quand on s'adresse à elles influencent en retour leur comportement et leur performance dans une tâche donnée. Je vous propose un petit détour, théorique et personnel, pour aborder ce sujet.

Les prophéties auto-réalisatrices

La jeune étudiante en psychologie que je fus a été marquée par une expérience enseignée dans les premières années du cursus. Il s'agit de l'expérience de Rosenthal et Jacobson (1968) dans laquelle ces chercheurs américains ont créé des attentes positives à l'égard de certains élèves chez des instituteurs d'une école primaire. Comment ont-ils bien pu faire ? Ils sont arrivés masqués pourrait-on dire, dans le sens où l'objectif réel de l'étude n'a pas été dévoilé aux enseignants. Ils sont ainsi intervenus auprès des élèves avec le prétexte de leur faire passer un test de type intelligence. Puis, ils ont fait savoir aux enseignants que certains enfants avaient eu des scores mémorables et présentaient des aptitudes supérieures. En réalité, ces enfants avaient été sélectionnés de manière tout à fait arbitraire, sans lien avec leurs résultats au test. Néanmoins, en disant cela, ils ont injecté une petite graine chez les enseignants. Cette petite graine, c'était une attente particulière à l'égard de ces enfants. Une attente de réussite scolaire... Et cette petite graine n'a pas tardé à produire ses effets. Quelque temps après, ils réalisent à nouveau le même test aux enfants et observent que les résultats se sont améliorés dans le cas des élèves pour lesquelles ils avaient créé des attentes positives. Comment ? Pourquoi ? L'interprétation des chercheurs est que ces attentes positives s'étaient traduites par des comportements spécifiques des enseignants à l'égard des enfants : **toutes sortes de petits signes verbaux et non verbaux par lesquels ils stimulaient l'intérêt des enfants, les encourageaient, les exerçaient davantage, tout en leur renvoyant une image positive d'eux-mêmes qui renforçait leur sentiment de compétence**. Ces modes d'interaction avec les enfants étaient finalement les ingrédients de leur réussite.

Une autre étude réalisée près de 30 ans plus tard au Canada par Pelletier et Vallerand confirmera que les styles d'interaction adoptés par les enseignants ont une influence sur la motivation des étudiants.

Ce que l'expérience de Rosenthal et Jacobson a mis en évidence est connu sous le nom d'effet Pygmalion ou le fait de provoquer chez les autres ce que l'on attend d'eux. Cette expérience m'avait marquée à l'époque parce que ses conclusions s'accordaient bien avec mon sentiment que si la vie est faite de hasards, au risque de l'absurdité, le plus important de ces hasards est celui de l'environnement social dans lequel on se trouve projeté. Ces enfants n'étaient pas plus intelligents que leurs pairs, on a juste cru en eux.

Est-ce à dire, dans un autre domaine, que si mon manager croit en moi, il encouragera chez moi des comportements plus performants ? Certainement, à condition cependant que celui qui place des espoirs sur ma tête représente pour moi un tiers de valeur, autrement dit, selon l'expression consacrée, un « autrui significatif ».

Si l'école n'a pas de valeur aux yeux de l'enfant et de ses proches, s'il n'y voit aucun sens et aucun intérêt pour sa vie future, il est probable en revanche que ces attentes positives auront moins d'incidence.

L'expérience de Rosenthal et Jacobson a fait l'objet de critiques qui ont notamment relativisé la portée dans le temps de l'effet Pygmalion, son retentissement sur les enfants ayant tendance à s'atténuer sur le long terme. Au fond, si cette influence n'est que transitoire, on pourrait se dire qu'elle est moins décisive qu'il ne semble, qu'elle ne concerne que les performances scolaires et ne détermine pas la vie tout entière.

On pourrait effectivement, mais je ne le dirai pas ! Imaginons en effet à l'inverse que les attentes et projections des enseignants à l'égard des capacités d'un enfant soient négatives. Cela influera sur son comportement, son rapport à l'école, et la perception des autres adultes en sera à son tour affectée, de sorte que c'est tout son parcours d'élève qui en sera marqué, avec des conséquences sur ses choix professionnels et son entrée dans la vie active.

Soyons clairs, ce ne sont pas les projections positives qui posent problème (quoique parfois elles puissent être lourdes à assumer, voire aussi néfastes) mais bien celles qui disqualifient ou qui sous-entendent un rapport d'infériorité. De tels a priori négatifs peuvent nuire – je dis bien « peuvent » car, bien évidemment, il est possible d'y résister. Cela étant, même les personnalités les plus solides – celles qui disposent de défenses narcissiques développées – peuvent être abîmées, voire brisées, par le regard négatif et opprimant porté sur elles, parfois sans issue de sortie.

Ce qu'on renvoie de ce qu'on pense de l'autre en communiquant avec lui a un impact sur son comportement, surtout quand il ne s'agit pas d'une pratique ponctuelle mais d'une attitude systématique. La répétition et l'absence d'alternatives permettant de construire une image plus positive de soi se conjuguent. Cette conjonction constitue un agent stressant suffisamment puissant pour déstabiliser l'autre de manière plus ou moins durable.

Qu'attend-on des vieux ?

Les stéréotypes négatifs liés à la vieillesse peuvent induire des projections et des attentes comportementales de même nature que celles visées dans l'effet Pygmalion. Du seul fait de son âge, on s'attend à ce qu'une vieille personne soit diminuée physiquement et mentalement, qu'elle soit frappée d'incapacités, que sa mémoire soit altérée, qu'elle ait besoin d'aide, d'être prise en charge, etc. Ce type de projections va s'insinuer dans notre manière de communiquer avec elle, surtout si, de plus, cette personne présente des signes visibles d'incapacité.

Cela peut se traduire dans notre manière de nous adresser à elle : on peut par exemple se mettre à articuler exagérément ou à utiliser une syntaxe assez simple comme si on s'adressait à un jeune enfant (langage bébé).

Cela peut se manifester aussi dans notre façon d'être avec cette personne âgée. Je pense à cet enfant de 40, 50 ou 60 ans qui regarde ses parents et prend conscience de leur fragilité : ses parents vieillissent ! Cet enfant qui intègre cette nouvelle réalité va adopter à l'égard de ses parents une posture différente, peut-être plus protectrice, peut-être plus tutélaire, aux accents parfois paternalistes. Généralement ce n'est pas de gaieté de cœur qu'il assume ce nouveau rôle. Il est traversé par toutes sortes d'émotions, de colère parfois, à l'égard de ce parent qui flanche. Cette situation si banale et pourtant si singulière pour celui qui la vit, je vous propose de la regarder à l'aune de la petite graine de l'effet Pygmalion.

Le soupçon d'incapacité, une fois posé, va déteindre sur tout le reste

Il y a des signes de fragilité qui ne trompent pas, un frigo plus vide qu'à l'accoutumé avec des produits périmés, un intérieur moins bien entretenu, des factures qui s'entassent dans le secrétaire. Tous ces changements sont des signes tangibles qui éveillent à juste titre la vigilance des proches. Mais des signes ne sont pas des causes. Or, le coupable est déjà tout trouvé, pas besoin de chercher bien loin : la vieillesse et le grand âge. C'est le début de la fin qui commence !

Et si ce lien était exagéré ? Et si notre jugement avait été biaisé par ce qu'on appelle le biais de **« corrélation illusoire »** à cause de la prégnance du stéréotype « vieillesse = dégénérescence » ? Après tout, rien ne dit que la personne ne soit pas gagnée par un état de tristesse qui la rend amorphe et apathique. Et si elle présentait en fait un trouble dépressif ? Et si le fait de sentir qu'elle ne peut plus vivre tout à fait comme avant avait encouragé chez elle un désir de lâcher prise ? Et si elle avait un début de DMLA[27] qui rendrait son quotidien plus complexe ?

Admettons que l'on soit passé un peu trop vite des signes aux causes. La petite graine qui vient de germer va infuser la manière de percevoir tous les faits et gestes de son proche âgé. D'un signe particulier de fragilité, on en vient, par corrélation illusoire, à le tenir pour fragile dans tous les domaines de la vie. Cette petite graine finit par générer des doutes sur ses capacités dans des activités parfois très éloignées de celle où s'est manifesté le signe de départ.

Ce changement de point de vue se diffuse dans la manière de communiquer avec son proche. Un nouveau regard est désormais porté sur lui, qui remet en cause sa place dans son environnement social et peut être ressenti comme une forme de déclassement. La manière de vivre ces transformations dans l'écosystème familial est très différente d'une personne à l'autre et évolue aussi au fil du temps. Certains s'y résignent dès le début, acceptant ce changement qui, pour

27 La DMLA ou dégénérescence maculaire liée à l'âge est une maladie chronique de l'œil où la vision centrale est peu à peu affectée, entraînant une cécité limitée au centre du champ de vision.

eux, s'inscrit dans le cours naturel de la vie. N'oublions pas que les stéréotypes âgistes, les plus âgés les ont eux aussi intériorisés depuis leur plus jeune âge ! Leur adhésion à cette vision déficitaire de la vieillesse impacte donc forcément leur manière de s'en défendre.

Mon propos ici n'est pas ici de nier la survenue d'une fragilité ou de contester que le vieillissement prolongé entraîne un risque accru de dépendance. Le vieillissement biologique entraîne inévitablement des pathologies liées au dysfonctionnement de nos tissus et de nos organes, puisque c'est de cela qu'on meurt (hors mort accidentelle ou provoquée). Je veux simplement attirer l'attention sur tous les « à-côtés » du processus de vieillissement. À côté donc des phénomènes biologiques (hormonaux, métaboliques, organiques...), il y a aussi des phénomènes psycho-sociaux qui interagissent avec les premiers pour construire l'expérience individuelle de vieillissement, pouvant accélérer des effets biologiques, voire les déclencher !

Communication âgiste et baisse des capacités

Que notre perception influe sur nos conduites est une chose plutôt entendable. Que nos conduites puissent influencer à ce point notre interlocuteur, suffisamment pour altérer ses capacités et son état de santé, cela apparaît moins en revanche aller de soi. C'est pourtant ce qu'ont mis en évidence les études menées sur le langage bébé adopté par certains professionnels soignants. L'adoption de telles conduites s'est révélée corrélée à des effets négatifs chez les personnes âgées : **baisse de l'estime de soi et moindres performances notamment dans l'expression orale**.

Partant de ces résultats, je vous propose de revenir sur les différents mécanismes par lesquels une « précroyance » sur une personne âgée peut avoir un impact profond sur le cours de sa vie.

- Pour commencer, il faut savoir que les stéréotypes liés à l'âge sont des images suffisamment puissantes pour se transformer inconsciemment en préjugés, avec leur lot d'erreurs de jugement et de comportements inadaptés sinon discriminants.

« Surgénéralisation », « biais négatif dans le souvenir », « corrélation illusoire », « jugement polarisé », les biais cognitifs envahissent le quotidien. Ils peuvent être autant le fait de plus jeunes, de moins jeunes que de plus vieux. Les stéréotypes âgistes ont ceci de particulier, qu'ils sont intégrés dès le plus jeune âge au gré des socialisations, d'abord donc comme des attributs extérieurs, jusqu'à ce que le vieux, ce soit nous aux yeux des autres.

Ces biais cognitifs vont déformer une réalité – ou du moins la compréhension que l'on se fait d'une situation donnée. On va exagérer certains traits et en ignorer d'autres. On va même inventer certains éléments de la situation. Pour cela, pas besoin de créativité. Au contraire, c'est le cerveau qui se met à fonctionner par automatismes en convoquant toute une série d'associations mentales.

• Cette altération de la perception et du jugement va ensuite se répercuter avec plus ou moins de force dans la manière dont nous allons interagir et communiquer avec autrui.

Cela peut se traduire par une absence de soutien et d'attention portée à l'autre sur des aspects importants de sa vie. On ne cherche pas décourager volontairement la personne, c'est plutôt qu'on ne perçoit pas cette disposition chez elle, tout accaparé que l'on est par sa fragilité et son besoin d'aide.

Voilà pourquoi, par exemple, le personnel soignant peut avoir tendance à ignorer les comportements autonomes des résidents pour n'être attentif et ne répondre qu'aux gestes nécessitant une assistance.

Cela peut se traduire aussi par une tendance à faire les choses à la place de la personne pour la soulager et compenser ainsi ses incapacités. Mais en agissant ainsi on met la personne en situation de passivité. Elle est moins sollicitée et stimulée. Elle mobilise peu ou pas ses capacités qui vont rapidement s'atrophier et se dégrader. C'est l'inverse finalement de l'effet Pygmalion où, par l'accumulation de petits signes verbaux et non verbaux, l'enseignant stimulait l'intérêt de l'enfant, l'encourageait, l'exerçait davantage pour une meilleure acquisition des apprentissages. Ici le risque serait plutôt de démobiliser la personne, accélérant ainsi la perte de ses capacités.

C'est précisément ce qui risque de se produire si l'on entre en communication avec une personne âgée seulement pour répondre à un besoin d'assistance. En récompensant ces demandes par plus de contacts et d'échanges sociaux, on l'encourage somme toute à adopter des comportements de dépendance qui vont accélérer la perte des capacités.

C'est un cercle vicieux : on ne voit que ce qu'on s'attend à voir, on encourage par là-même certains comportements qui renforcent la perte d'autonomie des personnes, qui conforte en retour notre perception de départ...

- Cette manière particulière de nous comporter dessine de l'autre une image plus ou moins dévalorisante qu'on lui renvoie.

Cette projection peut déstabiliser la personne sur le moment, suffisamment pour lui faire perdre temporairement ses moyens (voir le processus de menace du stéréotype présenté plus loin). Mais cela peut aussi altérer à terme son estime de soi et son sentiment de compétence qui sont des moteurs psychologiques très importants. Un niveau plus faible d'estime de soi a ainsi été relevé chez les personnes qui percevaient davantage les stéréotypes négatifs vis-à-vis de leur groupe d'âge, ou qui se sentaient davantage discriminées ou rejetées par la société du fait de leur âge[28].

Une telle réaction s'observe à tous les âges de la vie, pas seulement dans le vieil âge. Néanmoins, la démobilisation

28 Il en découle chez elles non seulement une plus faible estime de soi, mais aussi une tendance à évaluer plus négativement leur état de santé et une moindre satisfaction à l'égard de la vie. Massé et Meire (2012), p.338.

qu'elle peut provoquer chez les personnes âgées entraîne chez elles des effets beaucoup plus rapides et irréversibles que chez des plus jeunes, parce que l'organisme est moins résistant. C'est le principe du « use it or lose it » où l'absence de mobilisation des capacités physiques comme mentales conduit à leur perte progressive.

Il est clair que, quand nous communiquons, nous transmettons bien plus que de l'information concrète. D'ailleurs, bien souvent, les problèmes de communication ne portent pas sur le contenu informationnel, mais sur la forme de communication et ce qu'elle exprime du rapport social (supériorité/infériorité, reconnaissance ou non d'une compétence, d'une place, d'un rôle, etc.). Notre façon de communiquer dit forcément quelque chose sur la manière dont on considère l'autre et la nature de notre relation, soit comme plutôt égalitaire, soit comme plutôt asymétrique, avec le risque d'assigner à l'autre une place déterminée.

- À force de recevoir des projections négatives sur soi, on peut être amené à les intérioriser, au point de les intégrer à l'image de soi.

Une fois internalisés, ces attributs nous servent à interpréter et expliquer nos comportements a posteriori – *si je n'ai pas réussi à faire ça, c'est parce que je n'ai pas la capacité pour, alors à quoi bon cela servirait-il de réessayer ?* Ils nous permettent de donner sens au présent ou au passé mais aussi de nous projeter dans le futur. Pour une personne âgée, cette internalisation des projections négatives peut être d'autant plus forte qu'elle est elle-même en accord avec ces projections, parce qu'elle a été élevée et a toujours vécu avec l'idée que la vieillesse allait de pair avec la dépendance, la perte des capacités, etc.

À travers ces différents mécanismes, on comprend mieux comment les croyances stéréotypées peuvent agir indirectement sur les personnes qui en sont la cible. On comprend mieux, par exemple, comment le fait d'adopter un « langage bébé » avec une personne âgée encourage chez elle des comportements de dépendance. On comprend mieux comment les projections infantilisantes et négatives, qui induisent un rapport asymétrique avec la personne, compromettent sa capacité d'autonomisation.

Captifs ou non captifs, quelles différences ?

Il faut bien voir que dans les travaux sur le langage bébé, les individus sont captifs et soumis finalement à un contexte organisationnel où se mêlent espaces de vie et espaces professionnels. Dans le cas de Monique que j'évoquais plus haut, c'est un peu différent, elle peut s'en défendre plus facilement même si les projections négatives que les autres bénévoles de l'association lui renvoient la blessent. **Elle n'est pas captive, elle peut quitter l'association et ainsi éviter de se confronter à ces projections dévalorisantes**. Néanmoins, cette solution n'est pas forcément satisfaisante. Tout d'abord parce qu'il ne s'agit généralement pas de faits isolés : cette expérience risque donc de se renouveler dans d'autres lieux et à d'autres moments. Par ailleurs, si Monique décide de se retirer de l'association mais ne parvient pas à se réinvestir dans une autre activité, elle risque de perdre un cadre stimulant où elle pouvait, malgré tout, mobiliser ses capacités et nourrir des sentiments valorisants d'elle-même. **Or ces sentiments positifs – comme le sentiment d'utilité – et le maintien d'un certain niveau d'activité et d'engagement social constituent les ingrédients clés de la prévention de la dépendance ou de son aggravation**. On perçoit donc les effets indirectement délétères pour Monique.

Une personne m'a rapporté il y a peu une expérience qui a suscité chez elle des sentiments voisins de ceux éprouvés par Monique. Cette personne va consulter un médecin remplaçant pour un souci de toux qui tombe sur les bronches. À la sortie du cabinet, elle se sent mal mais n'arrive pas bien à identifier son trouble. Il est vrai que le jeune médecin l'a particulièrement énervée, mais cela ne suffit pas à expliquer son malaise. Il lui faudra un peu de temps pour comprendre ce qui l'a heurtée. Ce n'était pas le manque d'écoute, non plus que les prescriptions adressées avec une condescendance au goût amer. Non, ce qui l'a blessée, c'est l'impression de n'avoir été regardée que comme une vieille, jugée que comme une vieille. « *Oui, mais bon, vous avez 75 ans...* » À ses questions sur son état de santé, une seule réponse : son âge ! Il est vrai qu'à 75 ans peuvent se poser des problèmes de santé plus spécifiques, mais est-ce pour autant la réponse à tout ?

Tous ces petits échanges anodins, par lesquels nous transmettons involontairement aux personnes plus âgées des images d'êtres devenus moins capables ou incapables avec l'âge, en viennent à saper leur moral et leur estime de soi, à influer sur leurs conduites, ainsi que sur leur façon de se projeter dans l'avenir.

À force, comme dans un cercle vicieux, les stéréotypes négatifs de la vieillesse s'en trouvent renforcés. Par un effet boomerang, celui qui préjuge se sent confirmé dans l'idée que vieillir c'est décliner et perdre toujours un peu plus de son indépendance et de son autonomie.

Autocritique et ouverture

Je l'admets, le tableau que je dresse est sombre. Depuis le début, je ne fais que parler des stéréotypes négatifs associés à la vieillesse. Peut-être ne vous êtes-vous pas reconnu dans ces propos ? Peut-être votre vision du grand âge et des anciens est-elle plus nuancée ? Il est vrai que j'ai peut-être tendance à « stéréotyper » moi-même au bénéfice de ma démonstration. Or, il n'existe pas une image univoque des vieux et de la vieillesse. Comme toujours la réalité est plus complexe, plus floue, avec ses jeux contraires.

Il faut donc le dire aussi : lorsque les projections sont positives, lorsque la communication entre soignants et personnes âgées est « symétrique », on peut voir chez ces dernières se développer une plus grande autonomisation. Il y a là une dynamique extrêmement positive, induite par une posture d'aidance particulière, qui montre aussi combien **nos représentations du vieil âge sont intrinsèquement liées à nos représentations de la vulnérabilité et de l'autonomie**.

Ce point me semble extrêmement important. Ces deux champs de représentations sont connectés. Il serait vain de sensibiliser à l'âgisme sous toutes ses formes sans aborder en parallèle la question de la vulnérabilité et de l'autonomie. **Changer le regard sur la vieillesse ne peut se faire véritablement sans un changement de point de vue sur la dépendance et la perte d'autonomie. Plus généralement encore, changer le regard sur la vieillesse oblige à s'interroger sur la place laissée à la vulnérabilité dans notre société.**

« Ce que tu fais pour moi sans moi, tu le fais contre moi ! »

Le Conseil de l'Europe, dont les missions s'ancrent autour de la défense des valeurs démocratiques et des droits de l'homme, avait a formulé en 1987 une définition de la maltraitance qui fait encore aujourd'hui référence :

« *Tout acte ou omission commis par une personne s'il porte atteinte à la vie, à l'intégrité corporelle ou psychique ou à la liberté d'une autre personne, ou compromet gravement le développement de sa personnalité et/ou nuit à sa sécurité financière.* »

Depuis la Loi d'adaptation de la société au vieillissement du 28 décembre 2015, une nouvelle instance a vu le jour en France, la Commission pour la lutte contre la maltraitance et la promotion de la bientraitance. Suite au travail engagé par celle-ci pour un vocabulaire partagé de la maltraitance des personnes en situation de vulnérabilité, une première définition vient d'être introduite dans le Code civil par la loi n° 2022-140 du 7 février 2022 relative à la protection des enfants et intégrée simultanément au Code d'Action Sociale et des Familles et au Code de la Santé Publique[29]. Celle-ci a considéré qu'il y a maltraitance d'une personne en situation de vulnérabilité « lorsqu'un geste, une parole, une action ou un défaut d'action, compromet ou porte atteinte à son développement, à ses droits, à ses besoins fondamentaux ou à sa santé et que cette atteinte intervient dans une relation de confiance, de dépendance, de soin ou d'accompagnement ».

La maltraitance, ainsi définie, se rapporte à des personnes qui se trouvent en difficulté ou dans l'impossibilité, soit de se défendre, soit de faire cesser une maltraitance, soit de faire valoir leurs droits du fait de leur âge (dans le cas d'un mineur), de leur état de santé, d'une situation de handicap, d'un environnement inadapté ou violent, d'une situation de précarité ou d'une relation d'emprise[30].

Nous avons vu que l'âgisme pouvait affecter l'ensemble des dimensions de la personne : ses droits (discriminations portant sur le droit au risque, le droit à l'autodétermination, le droit au respect de son intimité...), ses besoins fondamentaux (réalisation de soi, estime de soi, besoins affectifs, sexuels...), sa santé (via une prise en charge différenciée du fait de son âge ou l'imposition d'un mode de vie plus passif consistant à faire à sa place). Le fait que l'âgisme soit considéré comme un facteur de risque de

29 https://www.legifrance.gouv.fr/jorf/id/JORFTEXT000045133771#:~:text=%2DLa%20maltraitance%20au%20sens%20du,dans%20une%20relation%20de%20confiance

30 https://solidarites-sante.gouv.fr/IMG/pdf/maltraitances-des-mineurs-et-des-majeurs-definition-partagee-et-reperes-operationnels_court_.pdf

suicide spécifique au sujet âgé montre, par ailleurs, à quel point il peut impacter la santé...

Le poids des représentations et des stéréotypes négatifs sur le vieillissement fait que tous les espaces sociaux en sont plus ou moins imprégnés, et qu'il est donc extrêmement difficile de les « faire cesser » ou de « s'en défendre », et ce d'autant plus qu'ils passent avec l'évidence du naturel. En ce sens, l'âgisme est une forme de maltraitance quand bien même la personne ne se trouve pas dans une situation de vulnérabilité ou de dépendance. Quand cela s'impose de toutes parts avec autant de force, il devient très difficile d'y échapper. Néanmoins, il faut bien admettre que certains contextes relèvent plus explicitement de la maltraitance.

Je pense à un homme octogénaire qui vient de perdre sa femme. Endeuillé, il a du mal à s'occuper de lui. Alors sa fille qui vit à distance décide de faire intervenir une aide à domicile pour la préparation des repas, le ménage, l'aide aux courses, et lui tenir compagnie. Cela se passe plutôt bien malgré le fait qu'il n'en voulait pas. Elle ne s'impose pas, tout en cherchant à lui faire plaisir dans la préparation des repas, toujours des plats qu'il choisit. Il reprend un peu d'appétit. Sa fille se tient informée des menus et de l'organisation de la journée. Estimant que l'aide à domicile fait preuve d'un manque de professionnalisme en proposant des repas peu équilibrés, elle impose les menus de la semaine et appelle pour vérifier que c'est bien respecté. La méfiance qui s'installe en elle fait qu'elle commence à s'ingérer dans les moindres faits et gestes de son père. Aurait-elle agi de la même façon si son père s'était retrouvé veuf à 40 ou 50 ans ? L'aurait-elle surprotégé de la même manière ? On peut penser que non, que sa manière de réagir est aussi en lien avec sa représentation de la vieillesse selon laquelle les vieilles personnes sont incapables de s'occuper d'elles-mêmes, que ce sont des êtres vulnérables et fragiles dont il faut prendre soin.

Les stéréotypes liés au vieillissement peuvent aboutir à des formes de maltraitances involontaires, qu'elles soient d'ordre psychologique, médical, financier ou civique. Dès lors qu'on étend l'état de vulnérabilité ou de fragilité à tout ce qui fait la personne, dès qu'on adopte à son égard des comportements paternalistes et infantilisants qui portent atteinte à son intégrité psychologique, on est dans une forme de maltraitance. De la maltraitance ordinaire qui de ce fait passe souvent en dessous des radars. Bien souvent, de tels comportements sont adoptés dans l'intérêt de la personne, pour la protéger, pour éviter une mise en danger ; pour son bien, voire même pour la soulager d'un effort inutile à son âge. On en vient à faire les choses à sa place, grignotant sans le vouloir chaque fois un peu plus son espace d'autonomie.

CHAPITRE 4

Que faire face à un stéréotype âgiste ?

Surtout ne pas lui donner raison...

La menace du stéréotype

Cette expression que l'on croirait tout droit sortie d'un blockbuster survitaminé ou d'un bon vieux nanar est en fait une théorie psycho-sociale des plus sérieuses relative à l'effet auto-handicapant des stéréotypes sur les individus qui en sont la cible.

Selon cette théorie, il n'est pas nécessaire que les personnes se conforment aux attentes stéréotypées de leur interlocuteur pour que de tels stéréotypes impactent leurs capacités ou leur état de santé. Il n'est pas nécessaire, non plus, que les individus cibles aient intériorisé et internalisé les stéréotypes négatifs liés à un de leurs groupes sociaux de rattachement pour que de tels effets se produisent. Non, il suffit juste d'activer l'existence de stéréotypes négatifs ou d'infériorité pour que les personnes cibles de ces stéréotypes perdent leurs moyens, de telle sorte que l'on observe immédiatement une baisse de leur performance.

Je suis sûre que vous avez déjà vécu une expérience semblable à celle que je vais vous raconter. Je suis une femme et en tant que telle j'ai connaissance du stéréotype selon lequel les femmes ne savent pas faire de créneau en voiture. J'ai conscience que c'est un cliché qui repose sur une vision genrée de la conduite automobile (le domaine de la technicité étant rattaché au masculin). Je ne suis pas par ailleurs mauvaise en créneau et je réussis en général dès le premier coup. En général mais assurément pas quand la seule place disponible se trouve pile-poil à côté d'une terrasse de bar remplie d'hommes qui regardent la scène avec un œil torve ! Leur seule présence suffit à me faire perdre mes moyens, confirmant par là-même le stéréotype de genre...

Menace du stéréotype et baisse des performances

Dans la menace du stéréotype, la baisse des performances n'est pas liée au fait d'avoir intériorisé la croyance d'infériorité de telle sorte qu'elle ait été incorporée comme un trait personnel. Il s'agit plutôt d'un phénomène d'interférence lié à la présence d'un stéréotype négatif qui nous vise plus ou moins directement. Cette seule présence suffit à générer une pression cognitive et évaluative qui agit comme une charge mentale altérant le fonctionnement intellectuel normal des individus et générant une baisse des performances observables.

Les effets de cette pression cognitive sont immédiats. Ils ont été observés dans diverses situations : exercices scolaires (par exemple en mathématiques), conduite automobile, performance sportive, compétences communicationnelles et interactionnelles, mais aussi comportement sanitaire.

Ce phénomène est généralement étudié expérimentalement en comparant deux groupes d'individus, un groupe exposé aux stéréotypes négatifs et un autre groupe non exposé. La comparaison de ces groupes, ainsi que l'observation des performances de chaque individu avant et après l'exposition, a permis de mettre en évidence un impact auto-handicapant des stéréotypes.

Quels effets sur les plus vieux ?

Chez les personnes plus âgées, les chercheurs ont beaucoup étudié les effets auto-handicapants des stéréotypes dans des activités de mémorisation (mémoire épisodique), confirmant une baisse des performances cognitives lorsque l'environnement rend saillant le stéréotype de déclin des capacités avec l'âge. Notons que pour arriver à de tels résultats, il n'est pas nécessaire que les chercheurs soient très explicites sur la nature du stéréotype. Le simple fait de parler de « test de mémoire » ou de réaliser l'exercice en présence de jeunes suffit à générer une menace chez les personnes âgées et donc à détériorer leur performance[31].

Ce phénomène a été observé au niveau des performances intellectuelles des personnes âgées, mais aussi dans d'autres types d'activités, comme la marche (équilibre et vitesse de marche) ou des tâches sensorielles (audition).

Les chercheurs ont aussi noté d'autres réponses comportementales que la baisse des performances. Dans une

31 Marquet et coll. (2016).

étude, les sujets âgés avaient davantage tendance à demander de l'aide pour résoudre une tâche complexe (puzzle) ; l'exposition aux stéréotypes négatifs encourageait donc des comportements de dépendance de la part des aînés[32]. Dans une autre étude encore, c'est l'âge subjectif qui est atteint : après avoir passé un test de mémoire, les participants se sentent plus âgés d'environ 5 ans. Voilà qui montre que les stéréotypes négatifs ne se limitent pas à des effets auto-handicapants sur les performances des individus âgés, ils affectent aussi leurs ressentis personnels.

Comment la crainte de confirmer un stéréotype (ou d'être surpris à le faire) peut-elle entraîner de tels effets ?

Les chercheurs font état d'un ensemble de facteurs explicatifs de la menace du stéréotype. Certains de ces facteurs sont plus ou moins discutés, d'autres semblent faire plus consensus mais sans pour autant que la science apporte une vision claire de ce qui se passe au niveau du cerveau.

Lorsque l'environnement rend saillant un stéréotype, on observe chez la personne cible de ce stéréotype une baisse des capacités de sa mémoire de travail, qui peut être en lien avec les idées parasites générées par la menace d'être associé au stéréotype. Ces idées intrusives qui viennent parasiter la pensée exigent alors un effort de la part de l'individu pour les supprimer – ce qui représente autant de ressources détournées de la tâche à accomplir[33].

32 Coudin & Alexopoulos (2010) : in Schroyen & al. (2015).

33 Anegmar, S., *Quand les stéréotypes nous handicapent : étude de l'impact de*

Les études ciblant les personnes âgées mettent également en avant le rôle perturbateur de l'anxiété ressentie fortement par les aînés en situation menaçante. Le niveau d'investissement dans la tâche à réaliser serait, par ailleurs, un autre élément explicatif : s'attendant à de moins bonnes performances, ils s'impliquent moins, et réussissent donc moins bien les exercices. Les chercheurs notent d'ailleurs que les sujets âgés ont tendance à adopter une stratégie face à la tâche dite de « limitation des erreurs » (attention portée sur les résultats négatifs), plutôt que de « maximisation des gains » (attention portée sur les résultats positifs). Cette stratégie n'est pas en soi responsable de la baisse des performances, c'est le décalage entre l'adoption d'une telle stratégie individuelle avec les consignes de réalisation de la tâche (on demande aux participants de se focaliser sur les gains) qui serait en cause[34].

On voit ainsi qu'il existe une combinaison de facteurs expliquant la baisse des performances. Baisse des performances qui n'est pas automatique, il est important de le préciser. Il s'agit d'une tendance générale, mais individuellement, cela ne veut pas dire que vous serez victime de la menace du stéréotype. D'abord parce que le contexte joue, mais aussi parce que, selon votre niveau d'adhésion aux stéréotypes ou votre sentiment d'appartenance au groupe stéréotypé, vous ne serez pas bousculé de la même manière par la menace du stéréotype. Les personnes âgées qui ont un sentiment de discrimination plus grand du fait de leur âge y seraient, par exemple, plus sensibles.

---

l'intériorisation du stéréotype et de la conscience de la stigmatisation en fonction de la source de la menace, Thèse, Université de Lille 3, (2015).

34 Marquet, Missotten & Adam (2016).

Nous venons de voir comment un environnement qui rend saillant plus ou moins explicitement un stéréotype négatif lié au vieillissement peut avoir un effet immédiat sur les comportements des individus cibles. Nous allons maintenant nous intéresser à un phénomène similaire, avec cette différence que la menace n'est plus cette fois extérieure à l'individu, elle est en lui...

Quand la menace du stéréotype vient de l'intérieur

J'ai dit plus haut qu'il n'est pas nécessaire que les stéréotypes négatifs soient exprimés explicitement pour induire des effets négatifs sur la mobilisation des capacités des plus âgés.

Les travaux dont je vais parler maintenant vont encore plus loin parce qu'ils montrent que les stéréotypes agissent également à un niveau inconscient. Pour arriver à de telles conclusions, les chercheurs ont réalisé des expériences où les stéréotypes étaient exposés à des vitesses subliminales, c'est-à-dire juste assez pour être captés et encodés par le cerveau, mais trop furtivement pour permettre une perception consciente (55 millisecondes pour la plupart des gens). Étant donné qu'il n'y a pas de perception consciente, il n'y a pas non plus de contrôle possible de la part des individus.

Ces expériences ont étudié l'impact de ces images subliminales sur l'écriture manuscrite, l'état d'esprit ou la volonté de vivre des participants âgés, ainsi que sur leur gestion du stress en termes de réponse cardio-vasculaire. Les résultats observés dépendent totalement de la nature des mots subliminaux.

Quand les mots subliminaux font référence à des stéréotypes positifs, l'écriture est manifestement plus maîtrisée qu'avant l'exposition, alors que l'effet inverse est observé avec les stéréotypes négatifs (détérioration de l'écriture).

Même constat pour l'état d'esprit et la volonté de vivre : les participants du groupe stimulé avec des stéréotypes d'âge positifs avaient tendance à accepter une intervention médicale prolongeant la vie, alors que les participants stimulés avec des stéréotypes négatifs avaient tendance à la rejeter[35].

Même observation aussi pour la gestion du stress : face à une situation stressante[36], les chercheurs signalent une accélération du système cardio-vasculaire quand les mots amorces sont négatifs ; et une réduction de la réponse cardio-vasculaire quand il s'agit d'images positives sur le vieillissement.

Selon les chercheurs, si des stéréotypes que nous n'avons pas perçus consciemment interfèrent aussi facilement avec nos conduites ou nos réactions, c'est parce que **les mots subliminaux ne font que réactiver les stéréotypes que**

35 Le scénario de l'expérience était plutôt singulier. Après la stimulation subliminale, les chercheurs décrivaient aux participants une maladie potentiellement mortelle et leur demandaient, au cas où ils en seraient atteints, s'ils choisiraient (ou pas) une intervention médicale prolongeant la vie, même si cela entraînait deux types de coûts : la perte de leurs économies et des soins par des membres de la famille.

36 Stress induit par des défis mathématiques et verbaux.

nous avons déjà assimilés au cours de notre vie et qui, avec l'âge, sont devenus pertinents pour l'image de soi. Déjà présents, ils s'enclenchent inconsciemment, venant perturber (ou renforcer quand ils sont positifs) le fonctionnement cognitif et physique des plus âgés.

Ce serait pour cette raison que l'activation subliminale des stéréotypes d'âge n'a pas d'effet sur les plus jeunes participants, parce qu'il n'y a pas d'ancrage avec leur identité subjective. Chez les plus âgés, cela fait au contraire résonance avec une part de leur identité sociale pour ceux qui reconnaissent ce passage dans la vieillesse, ou avec la multitude des indices sociétaux qui leur indiquent qu'ils font partie des vieux. Cette identification comme « personne âgée » rend les stéréotypes sur le vieillissement auto-pertinents.

En extrapolant les résultats de ces recherches, on pourrait imaginer que de tels impacts négatifs puissent être provoqués par l'apparition d'un problème de santé. Supposons qu'un individu ait emmagasiné au cours de sa vie des images plus ou moins négatives ou positives du vieillissement ; les deux champs de représentation existent en lui quand soudainement un problème de santé apparaît, venant valider la vision la plus négative du vieillissement ; le stéréotype de déclin, conforté par la réalité, devient alors auto-pertinent, produisant par là-même toute son influence[37].

---

37 C'est un peu ce que l'on observe pour les erreurs de perception où l'existence effective d'une incapacité chez la personne âgée sert de porte d'entrée à toutes les interprétations âgistes.

La *dynamique inconsciente* des stéréotypes qui module nos conduites sans même que nous puissions nous en rendre compte est particulièrement préoccupante. En effet, si les personnes n'ont pas conscience des stimuli négatifs liés aux stéréotypes âgistes dans la vie quotidienne, elles auront tendance à attribuer leur baisse de performance ou la détérioration de leur santé cognitive et physique aux effets du vieillissement plutôt qu'à des déclencheurs environnementaux, ce qui viendra valider et renforcer les stéréotypes négatifs et leur intériorisation par la personne.

Dans le cadre de ces analyses, les chercheurs ont développé un nouveau modèle théorique complémentaire à la menace du stéréotype : il s'agit de l'auto-stéréotypisation que je détaillerai plus loin. Il existerait une forme d'***auto-âgisme***. C'est en nous-mêmes que nous portons ces petites bombes mentales, et c'est de nous-mêmes (sans agression environnementale) que nous les déclenchons !

Une expérience qui fait froid dans le dos

De plus en plus d'études montrent que le seul fait de réaliser un test de mémoire peut suffire à créer une situation menaçante entraînant une baisse des performances au test[38]. Eh oui, c'est bien connu, en vieillissant on perd la mémoire, sans parler d'Alzheimer, cette maladie neurodégénérative à laquelle on pense forcément dès qu'on constate des failles dans sa mémoire immédiate.

38 Marquet & coll. (2016) ; Gauthier, K. & coll (2020)

Une étude à ce sujet fait carrément froid dans le dos[39]. Des chercheurs ont observé les performances dans un test cognitif de personnes âgées « lambda », autrement dit sans pathologies neurocognitives particulières (âge moyen = 65,1 ans). L'objectif assigné à l'expérience était d'étudier comment des individus se comportaient dans une série d'activités mentales en fonction de leur âge. Ce que vont « manipuler » les chercheurs, c'est le sentiment d'être plus ou moins âgé que les autres participants. Dans un groupe, il est annoncé que les participants ont entre 40 et 70 ans, ce qui situe les sujets de l'expérience parmi les plus vieux. Dans un autre groupe, il est annoncé que les participants ont entre 60 et 90 ans, ce qui situe les sujets de l'expérience parmi les plus jeunes.

Comme le laisse supposer le paradigme de la « menace du stéréotype », les scores des individus du premier groupe (les plus vieux) sont plus faibles que ceux du deuxième groupe (les plus jeunes). Mais là où les résultats sont tout à fait hallucinants, c'est pour une frange particulière du groupe des plus vieux.

Il s'est avéré que chez les personnes qui considéraient que le vieillissement allait de pair avec une diminution du fonctionnement cognitif et qui par ailleurs se considéraient elles-mêmes comme vieilles par rapport aux autres participants, **pour 70% d'entre elles, leur résultat au test faisait ressortir un diagnostic de démence**. 70% contre 14% en moyenne chez les autres groupes !

39 Haslam & coll. (2012) cité par Marquet & coll (2016).

L'écart est magistral, d'autant plus qu'il n'est pas lié aux capacités des personnes mais aux effets des stéréotypes négatifs attachés au vieillissement. D'un côté, on est face à une situation propice à la menace du stéréotype : les personnes savent qu'elles réalisent un test cognitif et, en plus, elles s'estiment plus vieilles que les autres participants. La nature de la tâche et la comparaison aux autres brouillent les esprits des individus, tout en alimentant un sentiment d'infériorité. C'est d'ailleurs l'autre aspect du problème, à savoir que ces personnes affichent aussi une adhésion plus marquée aux stéréotypes âgistes, ce qui suppose également un effet d'incorporation plus marqué chez elles. Ce sont tous ces facteurs combinés qui expliquent pourquoi subitement les performances de ces personnes baissent au point de correspondre à un état démentiel. Ce sont aussi tous ces facteurs combinés qui, une fois encore, sont susceptibles d'agir à long terme sur l'état de santé des personnes vieillissantes.

Il ne s'agit certes que d'une étude, mais elle invite néanmoins à s'interroger sur l'environnement dans lequel les personnes réalisent des tests de dépistage de troubles de la mémoire. Les auteurs de cette étude considèrent qu'il est préférable de ne pas interroger les personnes âgées à propos de leurs attentes avant une évaluation afin d'éviter de réactiver les stéréotypes négatifs. Il peut paraître opportun en revanche de centrer son discours sur des informations contre-stéréotypiques au moment de l'évaluation.

Néanmoins, ce que disent certains psychologues sociaux, c'est qu'il faut être vigilant dans l'interprétation de ces évaluations en tenant compte de l'impact possible de la menace du stéréotype. Cela peut paraître étonnant alors que, habituellement, on insiste plutôt sur la nécessité de diagnostiquer plus précocement les malades Alzheimer afin de mettre en place des accompagnements adaptés. Il ne s'agit pas de remettre en question ces préconisations mais de les éclairer à l'aune de ces résultats. Il est important pour les professionnels de savoir que le simple fait d'indiquer à un patient âgé qu'il va réaliser un test de mémoire – ou même le fait pour lui de se rendre à une consultation dans une « clinique de la mémoire » – peut créer une situation menaçante avec des effets auto-handicapants susceptibles d'influencer ses performances au test.

Peut-on être autonome et dépendant à la fois ?

Voilà qui pourrait un bon sujet de dissertation de philo ! Il s'agit pourtant d'un enjeu très concret de la vie quotidienne.

Pourquoi ? Parce que cette question soulève celle du respect des droits fondamentaux.

Dans le langage courant, on parle indistinctement de « perte d'autonomie » et de « dépendance » pour qualifier la situation d'une personne âgée qui a besoin d'aide pour vivre et réaliser tout ou partie des activités de base de la vie de tous les jours. D'aucuns peuvent même considérer que parler de perte d'autonomie est une manière moins violente de rendre compte de la situation. Dépendre de quelqu'un est une posture très avilissante dans la pensée commune. Mais parler de « perte d'autonomie » plutôt que de dépendance n'est pas un euphémisme, c'est en réalité dire bien autre chose. L'autonomie n'est pas le contraire de la dépendance !

La dépendance s'oppose à l'indépendance, qui renvoie à la capacité à réaliser les choses par soi-même. Quant à l'autonomie, elle s'oppose à l'hétéronomie, qui correspond à la situation de quelqu'un qui vit selon des règles imposées. Dans la tradition kantienne, l'autonomie est très liée à la raison et aux capacités cognitives permettant de faire les choix les plus convenables ; convenables pour soi mais aussi – raison oblige – pour autrui.

Derrière cette distinction sémantique, il y a l'idée que l'on peut être dépendant d'un tiers aidant pour manger, se déplacer, s'habiller et bien d'autres aspects élémentaires, tout en conservant son autonomie décisionnelle. Concilier les deux est au cœur de la démarche de bientraitance.

Il est important aussi de ne pas voir la dépendance et l'autonomie comme des situations de tout ou rien, alors que leur nature et leur intensité varient de l'un à l'autre. Nous pouvons avoir des incapacités sévères qui nous limitent – tant sur le plan de l'indépendance que celui de l'autonomie – mais qui restent circonscrits à certains aspects de notre vie et n'affectent pas les autres. Une presbytie sévère me rend dépendant de mes lunettes pour lire mais pas pour voir de loin ou écouter de la musique. Dans un tout autre registre, être myope au temps des chasseurs cueilleurs aurait eu un impact beaucoup plus critique sur mon devenir qu'aujourd'hui en France où je peux acheter au moindre coût des lunettes adaptées.

Ces exemples peuvent paraître simplistes mais ils portent en eux des notions importantes. Ils invitent à regarder la dépendance et l'autonomie comme des phénomènes appelés à évoluer selon les environnements de vie.

Première illustration : je suis paraplégique, je me déplace en fauteuil roulant, je fais mes courses seul, je prends les transports en commun seul pour me rendre à la bibliothèque ; je suis donc indépendant d'un tiers aidant dans divers aspects de ma vie mais cela suppose que des ressources aient été mises à ma disposition dans un environnement adapté. Si tel n'était pas le cas, je me retrouverais dépendant d'autrui pour me déplacer, voire obligé de suivre un mode de vie imposé sans prise en considération de ma volonté propre.

Seconde illustration : on m'a diagnostiqué une maladie dégénérative il y a dix ans, mes capacités de raisonnement sont fortement altérées, la plupart des décisions me concernant sont prises par d'autres que moi (le personnel de l'Ehpad où je vis désormais, mes enfants). Néanmoins, même si je ne suis plus en mesure d'analyser les enjeux d'une situation, il y a toujours des choses que j'aime et d'autres non ; je peux donc encore agir selon ma volonté, si tant est qu'on m'en donne l'occasion.

Personne ne naît indépendant et autonome. Le nouveau-né est complètement dépendant de son environnement pour vivre. La capacité à exprimer son autonomie dépend de la nature des rapports sociaux et du système politique dans lequel on vit. Elle est donc par nature extrêmement fragile. L'autonomie, quand on vit en société, s'écrit en relation avec les autres. Si ces autres estiment que mes capacités d'autonomie sont compromises, je ne serai pas autonome même si cette décision est arbitraire. Il faut projeter une autonomie possible pour qu'elle advienne. « *Traitez les gens comme s'ils étaient ce qu'ils devraient être, vous les aiderez à devenir ce qu'ils peuvent être.* » (Goethe).

Accepter la nuance est nécessaire pour comprendre la complexité du vivant. Le philosophe Paul Ricœur invite justement à sortir d'une vision disjonctive de l'autonomie pour s'ouvrir à une vision conjonctive acceptant que l'on puisse être tout à la fois capable et incapable, autonome et fragile ou autonome et irresponsable : « *C'est le même homme qui est l'un ou l'autre sous des points de vue différents.* »[40]

40 Ricœur, P. (1997). Autonomie et Vulnérabilité. In A.-M. Dillens (dir.), *La philosophie dans la Cité* (pp.121-141). Presses de l'Université Saint-Louis.

CHAPITRE 5

Comment je me suis « âgismé » moi-même !

Il y a des films qui marquent pour longtemps. « *Les Révoltés de l'an 2000* » de Narciso Ibañez Serrador fait partie de ceux-là. Le malaise qu'il a pu provoquer en moi s'était alors traduit par un effort désespéré d'explication de cette sauvagerie perverse de l'enfance, que l'on retrouve par ailleurs avec autant de stupeur dans « *Sa majesté des mouches* » de Golding. Les images d'histoire projetées dans le générique, notamment celle de cette enfant vietnamienne brûlée au napalm, m'avaient portée à croire que le film était une métaphore de ce que les adultes se faisaient à eux-mêmes avec les horreurs qu'ils infligeaient à leurs propres enfants dans les guerres. Comme du cannibalisme intergénérationnel. Brutaliser et assassiner des enfants reviendrait à fabriquer l'arme qui servira à nous « tuer ».

Cette interprétation est toute personnelle. Si je me suis lancée dans une telle digression, c'est parce que les stéréotypes âgistes me paraissent fonctionner selon le même mécanisme que celui mis en scène dans « *Les Révoltés de l'an 2000* ». Tout se passe comme si on assimilait de petites bombes mentales à retardement, qui pourraient ultérieurement exploser en nous le moment venu. À moins de mourir accidentellement, si on vit on vieillit forcément !

Puisque le vieux, c'est nous ou nous plus tard, il y a quelque chose de masochiste à dénigrer cet âge de la vie. Comment peut-on se dire qu'on vivra bien cette expérience si on n'a auparavant eu de cesse de considérer la vieillesse comme une chose affreuse, triste, moche et lugubre ?

Les stéréotypes sur le vieil âge qui ont imprégné notre esprit dès notre plus jeune âge, au départ pour penser à d'autres personnes (les vieux !), deviennent soudainement auto-pertinents pour nous-mêmes. Quand le vieux n'est plus l'autre mais soi, les images de la vieillesse qui ont imprégné notre psyché risquent d'influer sur la perception que nous avons de nous-mêmes et de notre devenir. Cela n'est pas automatique bien sûr. Nous pouvons refuser cette image pour soi à plus ou moins long terme. Par ailleurs, nous ne sommes pas des clones partageant exactement les mêmes représentations. L'expérience, les exemples de vieilles personnes autour de soi, influencent nos croyances sur le vieillissement. Celui ou celle qui auront vu un parent glisser vers la sénilité avec l'âge n'auront assurément pas la même image de la vieillesse qu'une personne dont le parent sera décédé brutalement en pleine possession de ses moyens.

La vie est faite de nuances et de circonstances. Néanmoins, dans cet enchevêtrement de facteurs, il y a aussi des processus élémentaires qui vont influencer le parcours des individus avec plus ou moins de force.

Les stéréotypes s'apprennent très tôt dans l'enfance

Moment de vie capté dans un bus. Un jeune enfant d'environ 4 ou 5 ans qui ne cesse de se retourner pour dévisager une vieille dame derrière lui. Une vieille dame à l'apparence plutôt austère avec mes yeux d'adulte. L'enfant se retourne vers sa mère en déclarant « qu'elle est belle la dame !! » Cela m'amuse car, au-delà du fait que les mots de cet enfant ont un sens que seul lui pourrait traduire, ils contrastent avec l'image que me renvoie cette femme âgée. Je l'interprète comme la spontanéité naturelle de l'enfant qui n'est pas encore sclérosé par les normes, les conventions et autres règles à penser.

Est-ce à dire que les jeunes enfants sont dépourvus de préjugés sur la vieillesse ? On pourrait le penser effectivement. Néanmoins une étude américaine menée en 2009 auprès d'enfants âgés d'environ 3 ans tend à relativiser quelque peu cette analyse[41].

Dans cette étude, les chercheurs ont observé les réactions des enfants dans une tâche donnée en faisant varier un élément du contexte de l'exercice. Cet élément, c'est l'âge de l'adulte avec qui les enfants réalisent la tâche. Dans un cas de figure, il s'agit d'une femme âgée de 20 ans, et dans un autre, d'une femme de 70 ans.

L'exercice proposé aux enfants était le suivant. On présentait à ces enfants l'image de deux objets, l'un familier (une balle), l'autre beaucoup moins (une agrafeuse), à la suite

41 Kwong See, S.T. & Nicoladis [cité par Adam et coll. (2013).

de quoi l'expérimentatrice prononçait un mot qui n'existe pas (« matupo ») et demandait aux enfants de désigner l'image auquel ce « non-mot » correspondait.

Suivant le processus cognitif « d'exclusivité mutuelle », les enfants sont censés attribuer le mot inconnu à l'objet non familier pour lequel ils n'ont pas encore de mots (*puisque ce n'est pas l'objet connu, cela doit être l'autre*).

C'est effectivement ce que les chercheurs ont observé lorsque l'exercice était réalisé avec l'expérimentatrice de 20 ans. Dans ce cas, comme attendu, les enfants désignent l'objet « non familier » comme représentant le « non-mot ».

En revanche, lorsque l'expérimentatrice est âgée de 70 ans, les enfants ont désigné significativement moins souvent l'objet « non familier » comme correspondant au « non-mot ».

Pourquoi une telle différence ?

Pour les chercheurs, si le mot incongru prononcé par l'expérimentatrice âgée est moins souvent associé à l'objet non familier, c'est qu'il **serait plus souvent perçu comme étant une erreur** de la part de l'expérimentatrice. Une telle inférence de la part des enfants supposerait que ces derniers ont suffisamment intériorisé le stéréotype de déclin des capacités avec l'âge pour que celui-ci interfère dans leur compréhension de la situation.

Stupeur ! Même chez les très jeunes enfants, les stéréotypes négatifs liés au vieillissement viendraient déformer leur compréhension d'une situation, témoignant en cela d'un âgisme précoce[42]. Tellement précoce qu'on est bien en peine de voir comment il serait possible de s'en défaire ?

Heureusement, cette étude apporte autant de pessimisme que d'espoir. Les chercheurs ont réalisé des variantes à l'expérience en jouant sur l'importance des contacts que les enfants pouvaient avoir (ou non) avec des personnes âgées. Ils ont ainsi observé que chez les enfants qui avaient **des contacts réguliers avec des personnes âgées dans leur vie de tous les jours**, un tel phénomène ne se reproduisait pas : pas de différence alors selon l'âge de l'expérimentatrice !

Intériorisation et adhésion aux stéréotypes liés au vieil âge

Dès son plus jeune âge, le petit homme est ainsi confronté aux systèmes de représentations, de croyances et de stéréotypes, d'abord au sein de son milieu familial, puis via les autres modes de socialisation et notamment les médias (dessins animés, comptines, etc.) qui jouent un rôle

42 Des travaux plus récents et réalisés plus proches de chez nous, au sein de l'Université de Liège, montrent la prégnance des représentations déficitaires dès le plus jeune âge (Flamion et coll., 2020). Chez les enfants en âge pré-scolaire (3 à 6 ans), c'est surtout l'incompétence physique qui ressort. Chez les enfants de 7 à 12 ans, les chercheurs observent des biais de jugement basés sur le stéréotype de baisse des facultés intellectuelles avec l'âge, ainsi que l'adoption à l'égard des plus âgés d'une forme de « communication bébé » censée faciliter la compréhension de ces derniers.

important. Il va ainsi assimiler très tôt les différents registres représentationnels associés à la vieillesse.

Dès leurs premières années, les stéréotypes sont mémorisés et pénètrent la pensée des enfants. Certains peuvent aller jusqu'à se les approprier au point d'en faire des attributs de leur personnalité ; on dit alors que ces traits stéréotypiques sont incorporés ou internalisés. Pour rester dans les clichés, les petites filles vont mettre en avant qu'elles aiment se déguiser avec une belle robe à paillettes et mettre du vernis sur les ongles, quand les petits garçons diront plus volontiers qu'ils sont super forts au ballon (par exemple). Ainsi, l'enfant incorpore ces clichés de genre jusqu'à ce qu'ils imprègnent son identité et l'image qu'il a de lui-même.

Quand on regarde l'impact des stéréotypes de genre, on discerne assez bien comment ils peuvent avoir autant d'importance sur nos destinées, car en tant que système de représentations, ils modèlent notre univers, nos goûts, notre identité sociale, nos comportements, et par voie de conséquence, nos aptitudes et nos choix futurs. Néanmoins, tous les stéréotypes sociaux n'ont pas la même puissance d'incorporation et donc le même impact. Ainsi, les stéréotypes ethniques négatifs ne vont pas aussi aisément imprégner l'image de soi parce qu'ils ne seront peut-être pas aussi appréhendables par l'enfant ou que le groupe familial aura pu développer des stratégies de défense. C'est plus tard, lorsque l'enfant évoluera dans d'autres espaces sociaux, qu'il sera plus susceptible d'être confronté à ces images toutes faites.

Si certains stéréotypes nous sont associés depuis notre naissance, d'autres ne nous touchent que plus tard au cours de la vie. Je pense par exemple aux stéréotypes relatifs aux personnes homosexuelles, aux personnes obèses, et bien sûr aux stéréotypes sur les vieux et la vieillesse. En effet, on ne naît pas vieux, on le devient avec un peu de chance ! Ces stéréotypes ne sont donc pas assimilés comme des traits personnels, mais comme des attributs extérieurs. Ce n'est qu'au fil du temps qu'ils peuvent imprégner l'image de soi ; ce qui pourrait laisser entendre que l'impact en termes d'intériorisation est plus modéré que pour les stéréotypes de genre.

J'en reviens au film « *Les Révoltés de l'an 2000* » et à cette idée que les stéréotypes sur le vieillissement pourraient fonctionner comme de « petites bombes à retardement ». Je vais vous présenter plusieurs résultats de recherche, des plus surprenants puisqu'ils montrent que selon la force d'imprégnation des stéréotypes tout au long de la vie, ces derniers peuvent impacter la santé et l'espérance de vie des individus.

Impact sur la santé des stéréotypes négatifs sur le vieillissement

Becca Levy est une chercheuse américaine spécialisée en psychologie du vieillissement, qui a développé avec son équipe une théorie sur l'incorporation des stéréotypes liés à l'âge (*theory of stereotype embodiment*). Cette approche met en lumière un phénomène d'auto-stéréotypisation rendu possible notamment par le caractère inconscient de l'activation des stéréotypes sur l'âge.

Selon cette théorie, les personnes devenues « officiellement » vieilles (aux yeux de la société) et, surtout, « subjectivement » vieilles (à leurs propres yeux)[43] vont potentiellement s'auto-âgismer. Cela va dépendre en fait de la manière dont elles ont intériorisé tout au long de leur vie les stéréotypes sur le vieillissement, donc pas seulement dans l'enfance, mais aussi à l'âge adulte. Car, explique Becca Levy, les jeunes adultes peuvent être incités à avoir des stéréotypes négatifs du fait des avantages à court terme que cela peut leur procurer (par exemple, dans le monde du travail, le stéréotype de moindre adaptabilité des seniors peut leur permettre de se démarquer positivement). Sur le long terme, en revanche, le fait d'avoir plus fortement assimilé des stéréotypes négatifs s'avère néfaste pour les personnes, parce qu'au bout d'un moment, ce qui servait à caractériser d'autres que soi, devient auto-pertinent pour se penser soi-même. Les médias, aussi, jouent un rôle important dans l'intériorisation des stéréotypes négatifs tout au long de la vie en maintenant un flux constant et massif d'images de vieux physiquement et cognitivement diminués.

Cela peut paraître surprenant, mais ces chercheurs ont observé qu'une plus forte imprégnation et adhésion aux stéréotypes négatifs liés à l'âge au cours de la vie prédisaient une moins bonne santé une fois devenu vieux, avec notamment un risque plus élevé de maladies cardio-vasculaires et un déclin plus marqué des fonctions mnésiques (la mémoire).

---

43 Selon la chercheuse, l'apparition subjective de la vieillesse survient lorsque les individus reconnaissent qu'ils ont subi un passage de la vieillesse perçue comme état lointain à la vieillesse éprouvée comme état existant.

Cette analyse repose notamment sur deux études longitudinales où les chercheurs ont suivi une même cohorte d'individus pendant plusieurs années.

Dans la première étude, les chercheurs ont suivi des personnes âgées de 50 ans et plus pendant deux décennies. Ils ont observé que les individus qui, à 50 ans ou plus, percevaient plutôt positivement leur vieillissement, présentaient au cours des deux décennies suivantes une **meilleure santé fonctionnelle** et une **espérance de vie supérieure en moyenne de 7,5 ans**.

Dans la seconde étude, les participants étaient plus jeunes (18 à 49 ans). Les résultats révèlent que ceux qui avaient des stéréotypes d'âge plus négatifs au départ présentaient un **risque significativement accru d'événement cardio-vasculaire** au cours des 38 années suivantes. Chez les plus jeunes participants (18-39 ans), l'étude montre même que le **risque d'événement cardio-vasculaire après 60 était deux fois plus important** par rapport aux participants qui avaient des stéréotypes d'âge plus positifs au départ.

Se dire que nos propres croyances sur le vieillissement sont un bon prédicteur de notre santé future[44] n'est pas le genre d'information qui laisse de glace. On pourrait se dire que c'est 50/50, tout bon ou tout mauvais pour nous. Mais vu que notre vision de l'avancée en âge reste avant tout dominée par des images de perte, de solitude et de maladie, la probabilité semble plutôt aller en notre défaveur.

44 Levy évoque une étude allemande menée sur 6 ans auprès de personnes plus âgées qui confirme que les stéréotypes liés à l'âge sont un bon prédicteur de santé.

Les mécanismes sous-jacents à l'âgisme intériorisé

J'évoquais plus haut l'idée de petites bombes à retardement pour parler du phénomène d'auto-stéréotypisation. Mais concrètement comment cela est-il possible ? Parmi les explications avancées, trois hypothèses sont particulièrement mises en avant.

La première explication est comportementale. Penser que l'apparition de problèmes de santé est une conséquence inévitable du vieillissement tendrait à décourager les pratiques préventives de santé tout au long de la vie, mais aussi à un âge plus avancé. Non seulement j'ai tendance à me dire que cela ne sert à rien mais, comme ce type de croyances s'accompagne souvent d'une baisse du sentiment de compétence personnelle, j'ai aussi tendance à penser que je n'ai pas les ressources pour faire face à la maladie.

Une étude menée auprès de personnes âgées atteintes de pathologies chroniques a montré que plus elles souscrivaient à ce genre de stéréotypes, plus elles ressentaient effectivement les symptômes physiques de leur maladie, moins elles adhéraient aux actions de santé et plus la probabilité de mortalité était élevée[45].

Le deuxième type d'explication, très lié au premier, est plus d'ordre psychologique. Les croyances stéréotypées ont un impact négatif sur les sentiments de maîtrise et d'efficacité

45 Stewart & coll. (2012), cité par Schroyen, & coll. (2015).

personnelle, qui vont alors agir comme des attentes auto-réalisatrices[46].

Si on ne se sent pas en capacité de faire face ou de réussir une action, on aura tendance à moins bien mobiliser ses ressources pour y parvenir. Or la présence à l'esprit d'un stéréotype d'infériorité lié à son âge peut induire un tel sentiment d'incompétence. Les sportifs le savent bien : si on anticipe un échec, si on part défaitiste, les performances ne sont effectivement pas au rendez-vous. Cela s'observe aussi dans la manière de faire face à la maladie et à la souffrance. L'équipe de Levy a d'ailleurs observé que plus l'imprégnation des stéréotypes négatifs liés au vieillissement est forte, moins bon est le rétablissement après un événement cardio-vasculaire.

Enfin, le troisième type d'explication est de nature physiologique. Les chercheurs s'appuient pour cela sur une expérience déjà évoquée : face à une situation stressante, l'exposition à des stéréotypes « âgistes » provoque une accélération du système cardio-vasculaire. La réactivité cardio-vasculaire est une réponse normale du système nerveux autonome au stress. Rien de particulièrement nocif en soi si cela reste occasionnel. En revanche, les chercheurs considèrent que la répétition de plus en plus fréquente de cette réponse physiologique au stress est susceptible de générer à plus long terme des problèmes cardio-vasculaires. Cela pourrait notamment expliquer pourquoi le fait d'avoir durablement

46 Si on active un stéréotype lié à la sénilité avec l'âge, les performances des personnes âgées sont affectées davantage dans leurs tâches intellectuelles que dans leurs tâches physiques. Pourquoi ? Parce que la correspondance du stéréotype avec la nature de la tâche augmente la force des attentes négatives.

internalisé des stéréotypes négatifs sur le vieillissement est susceptible d'accroître le risque cardio-vasculaire.

L'auto-stéréotypisation ou l'auto-âgisme reposent ainsi sur des mécanismes multiples, à la fois complémentaires et séquentiels : c'est ce qu'il importe de retenir. Intériorisation, menace du stéréotype, attentes auto-réalisatrices, jeux interactionnels (rôle/contre-rôle) : l'interaction de ces processus amène à ce que, dans nos sociétés, avoir une perception dévaluée de la vieillesse devient dangereux pour qui vieillit. L'interférence et la récurrence de ces événements font des stéréotypes sur la vieillesse des facteurs de risque majeur pour la santé et l'autonomie des personnes vieillissantes, les plus exposées à ces risques étant celles qui ont la conception la plus négative du vieillissement.

Les conséquences ne se limitent pas à une dimension individuelle. Comme nous vivons de plus en plus longtemps, il y a de plus en plus de vieilles et de très vieilles personnes dans la société. La détérioration de leur état de santé ou leur perte d'autonomie aggravée sous l'effet des stéréotypes négatifs sur le vieillissement a un impact sociétal global (financement des coûts médicaux, paramédicaux, d'action sociale, etc.).

Il ne faudrait pas oublier les stéréotypes positifs sur le vieillissement

Avoir fortement intégré et intériorisé au cours de sa vie les stéréotypes négatifs liés à l'avancée en âge peut avoir un impact à long terme sur son propre vieillissement. Mais qu'en est-il des stéréotypes positifs ?

Il serait en effet réducteur de se limiter à une vision alarmiste alors que tant de moyens existent pour inverser la tendance.

De même qu'elles montrent que les stéréotypes négatifs sur l'âge affectent négativement le comportement des gens âgés, les recherches mettent en évidence que « si » les stéréotypes sur le vieillissement sont à dominante positive, leur impact sur la performance et la santé des individus est également positif : amélioration des résultats à un test d'écriture, amélioration des performances mnésiques, amélioration des capacités de marche, etc.

Selon le point de vue où l'on se place, tout n'est pas négatif dans les stéréotypes. En réalité, ce qui pose problème n'est pas tant le processus d'incorporation que la prévalence dans nos sociétés d'un imaginaire globalement négatif et dépréciatif à l'égard de l'avancée en âge. Tout n'est donc pas noir, mais il faut reconnaître que le chemin pour changer le regard sur la vieillesse est semé d'embûches, à commencer par le fait que les effets bénéfiques liés à l'activation de stéréotypes positifs sont **nettement moins importants et impactants que les effets délétères des stéréotypes négatifs**. La supériorité des stéréotypes négatifs donne à voir toute la difficulté d'un changement global de paradigme où la vieillesse ne serait plus synonyme de décrépitude et de déclin.

Le cerveau, un organe qui vieillit... pas si mal que ça !

Ce n'est pas un hasard si les travaux sur la menace du stéréotype chez les plus âgés se sont souvent centrés sur les capacités cognitives. Il y a autour du déclin cérébral en vieillissant beaucoup de sur-informations. Il faut dire que le cerveau reste encore un organe mal connu, même si l'arrivée des techniques de neuro-imagerie comme l'IRM ont permis des avancées importantes en ce domaine.

Comme pour tous les organes et les tissus qui nous composent, l'état et le fonctionnement du cerveau évoluent avec le temps. Rien de plus normal. La manière dont fonctionne un organe dépend de la manière dont les cellules qui le composent fonctionnent. Or, avec le temps, celles-ci fonctionnent moins bien, notamment du fait de l'exposition au stress oxydatif. Des cellules sénescentes[47] s'accumulent également dans nos organes, déstabilisant les systèmes environnants. Enfin, les cellules ne sont pas suffisamment remplacées, tout cela impactant inévitablement l'efficience de nos organes. Le cerveau n'échappe pas à ce processus physiologique élémentaire. Néanmoins, c'est peut-être un des organes qui vieillit le mieux, notamment parce qu'il démarre avec des réserves fonctionnelles importantes. Même si celles-ci diminuent

47 Les cellules sénescentes sont des cellules qui ont arrêté de se diviser parce qu'elles sont arrivées au bout de leur cycle de division. Elles se mettent en veille, deviennent inactives en attendant que le système immunitaire ne les élimine. Or avec le temps, ce dernier étant moins efficace et les cellules sénescentes plus nombreuses, celles-ci tendent à s'accumuler, désorganisant par la même les tissus et les organes.

avec l'âge, elles demeurent suffisantes pour la vie quotidienne, hors pathologie particulière bien sûr.

Longtemps, on a considéré que la structure du cerveau adulte demeurait fixe et que les cellules nerveuses n'étaient pas remplacées. Les connaissances évoluant, on estime désormais qu'il existe une neurogenèse adulte (fabrication de nouveaux neurones) mais le débat reste très vif quant à sa portée. Il est indéniable que le nombre de neurones diminue en vieillissant, le cerveau perdant en moyenne 10% de son volume et 5 à 10% de son poids entre 50 et 80 ans. La vitesse de transmission de l'influx nerveux se ralentit sous l'effet d'une raréfaction de la myéline qui est une gaine de graisse qui entoure les prolongements des neurones. Donc oui, incontestablement le cerveau fonctionne moins bien dans certains domaines : mémorisation de nouvelles informations, concentration et flexibilité mentale, rapidité de pensée. Mais cette baisse normale des facultés est aussi à mettre en balance avec, d'une part, des phénomènes de compensation, et d'autre part, le fait que certaines fonctions mentales ne sont pas affectées par le vieillissement.

On parle de plasticité cérébrale pour évoquer les phénomènes de compensation au niveau de la structure même du cerveau (suractivation de certains réseaux cérébraux et utilisation de réseau cérébraux alternatifs) ; il semblerait par exemple que les plus âgés activeraient plus souvent les deux hémisphères cérébraux en même temps, comme le signe d'une réorganisation des réseaux de neurones pour pallier les effets du vieillissement.

On parle de plasticité cognitive pour rendre compte des stratégies de compensation mises en œuvre par les plus âgés notamment pour mémoriser de nouvelles informations (s'appuyer soit sur les capacités préservées/développées avec l'âge, soit sur les ressources de l'environnement). Certaines facultés mentales peuvent aussi s'améliorer avec le temps, notamment celles en lien avec l'expérience (connaissance du monde, vocabulaire) et la gestion des émotions.

Les stéréotypes prennent appui sur des éléments manifestes – le déclin cognitif est une réalité du vieillissement – mais sont extrêmement simplificateurs. Ils assimilent des phénomènes proches mais cependant différents (le déclin cognitif normal et la démence sénile) et les généralisent à l'ensemble des individus jugés semblables du seul fait de leur âge avancé.

La nuance est de mise pour appréhender la diversité du vieillissement. Notre cerveau ne vieillit pas de la même façon selon les réserves cognitives développées tout au long de la vie, selon la manière dont on sollicite ses facultés cognitives. Une personne isolée socialement qui resterait passive physiquement et intellectuellement aura plus de risque de présenter un déclin cognitif marqué. Certains parviennent à mieux préserver leurs facultés, d'autres vont compenser plus activement, cela dépend pour beaucoup de l'environnement, de la qualité de vie et de la motivation des individus à conserver un certain engagement social, culturel, etc.

CONCLUSION

Ce livre n'est pas le premier et ne sera pas le dernier à traiter de l'âgisme car malheureusement ses manifestations – qu'il s'agisse de préjugements négatifs ou de comportements discriminatoires – sont acceptées dans notre société. Ses manifestations sont acceptées car elles ne choquent pas. Elles ne choquent pas parce que, dans la plupart des cas, personne (pas même souvent les personnes concernées) ne perçoit la charge discriminatoire qu'elles comportent. Elles passent avec l'évidence du naturel, faisant du vieil âge le stigmate le plus égalitaire qu'il soit. Pourquoi un tel aveuglement que l'on risque de payer de sa chair ?

Un mécanisme de défense inconscient ?

Ne pas se projeter dans la situation d'une vieille personne ou placer les anciens bien à distance du regard, confinés dans un espace à part, c'est pour beaucoup une manière de se protéger contre l'angoisse de la maladie, de la déchéance et de la mort. Il est vrai que nous entretenons avec la mort des rapports très distendus, comme une chose lointaine dont on entend parler mais que l'on voit peu. On en vient à trouver anormal de mourir, même lorsqu'on est vieux !

Même les étoiles finissent par mourir

Mourir n'a rien d'anormal. Personne n'est immortel, même les étoiles meurent. Certaines explosent et leurs restes se dispersent dans l'univers pour mieux s'assembler à divers objets. D'autres, plus massives, se transforment en une sorte de phare que l'on appelle pulsar, ou évoluent encore en trou noir, aspirant toute la matière et la lumière à sa portée. Peut-être certaines particules élémentaires sont-elles immortelles, mais la façon dont elles s'assemblent est vouée à se désintégrer un jour ou l'autre.

Le vieillissement physiologique, lui non plus, n'a rien d'anormal. C'est d'ailleurs un processus qui court quasiment tout au long de la vie d'adulte puisqu'on situe son démarrage autour de 25 ou 30 ans. Et encore, il s'agit du vieillissement des tissus et des organes, parce que si on regarde le vieillissement à l'échelle des cellules du corps humain, cela peut commencer dès le début de la vie. Le vieillissement accompagne la vie, voire même la protège. Voilà un paradoxe ! D'un côté le vieillissement des cellules, qui correspond au processus de sénescence cellulaire, constitue un des processus de base du vieillissement organique qui fait que nos organes et nos tissus fonctionnent moins bien avec le temps et que des pathologies apparaissent entraînant la mort ; d'un autre côté, ce même processus de sénescence cellulaire assurerait un rôle de protection pour le bon fonctionnement des cellules en évitant le développement de cellules endommagées et cancéreuses. Un mal pour un bien en quelque sorte. Pour éviter des erreurs de réplication de l'ADN lors de la division cellulaire, les cellules de notre corps disposent d'un bouton d'alerte qui, lorsqu'il est déclenché, met la cellule en veille. À chaque division cellulaire, la queue du chromosome que l'on appelle télomère se raccourcit. Autrement dit, les cellules ne se répliquent pas jusqu'au bout et les télomères à l'extrémité du chromosome sont grignotés peu à peu jusqu'à un point limite qui va jouer comme un système d'alerte. La cellule va entrer en sénescence et arrêter de se diviser pour devenir inactive. Ce processus est plutôt bienvenu dans le sens où cela évite les risques d'erreurs dans la réplication de l'ADN qui sont inévitables quand la cellule vieillit. Aussi, pour éviter qu'après moult divisions, des déformations ou des dégénérescences cancéreuses aboutissent, la cellule ferme boutique mais sans disparaître pour autant. Elle est ensuite éliminée par le système immunitaire. Or, celui-ci devenant moins efficace avec le temps, les cellules sénescentes s'accumulent, désorganisant peu à peu les tissus environnants, ce qui serait à l'origine de nombreuses pathologies liées au vieillissement.

Non seulement, il n'y a pas que les plus vieux qui vieillissent, mais peut-être le vieillissement est-il ce que l'on a trouvé de mieux pour garantir un fonctionnement optimal du corps le plus longtemps possible, faisant du vieillissement un processus élémentaire de la vie.

Moins prêts à se défendre contre les stigmates de l'âge ?

On ne naît pas vieux, on le devient !

Mais on est généralement mal préparé à affronter les préjugés sur la vieillesse. Pendant une bonne partie de notre vie, les stéréotypes associés au vieillissement nous servent à regarder les autres plutôt que nous-mêmes. Nous les avons intégrés dans nos schémas de pensée comme s'ils ne concernaient qu'autrui, jusqu'à ce que, soudainement ou subrepticement, ils se retournent contre nous. Quand ces stéréotypes finissent par nous tomber dessus, il est trop tard : nous ne savons pas nous en défendre.

Imaginez cet homme plutôt coquet, attaché à son apparence physique, qui se délecte des moments où on lui dit qu'il ne fait pas son âge. Certes, il fait ce qu'il faut pour paraître encore jeune. Vieillir, quelle ingratitude ! Pour lui, orphelin très jeune, il n'y a rien de pire que de s'avancer vers la mort. La vieillesse, ça lui évoque déjà la mort, la décrépitude, la déchéance. Non merci, très peu pour lui ! Oui mais voilà, la vie est ainsi faite qu'il vieillit, et s'il ne le ressent pas, la société commence à le lui dire, par de faibles indices, qui se répètent de plus en plus. Au travail, il connaît une fin de carrière douloureuse, enchaînant les missions courtes et le chômage long. Son pouvoir de séduction aussi décline. Lui qui aimait tant flirter pour se sentir vivant, se croit presque invisible. Dernièrement, il s'est vu adresser dans le bus une de ces petites phrases percutantes : « Laisse le papi s'asseoir... » Cela avait beau être dit avec gentillesse, lui qui a toujours perçu la vieillesse comme une décadence, ces propos l'ont particulièrement violenté. Désormais on le perçoit d'abord comme une vieille personne fragile. Alors oui, il est encore du bon côté de la vieillesse, mais conserve au creux de son ventre une angoisse puissante et submergeante pour ce qui va advenir. Une angoisse qu'il ne parvient pas à dépasser.

Pour Becca Levy, la psychologue sociale qui s'est intéressée au processus d'auto-stéréotypisation, le caractère tardif de la prise de conscience des stéréotypes âgistes pour soi-même affaiblit la capacité de trouver des réponses défensives permettant de se préserver et de tenir à distance ces menaces identitaires, qui, rappelons-le, viennent autant de l'extérieur que de l'intérieur. C'est une différence importante avec d'autres types de stéréotypes sociaux, comme ceux liés à l'origine ethnique, où le fait d'être stigmatisé depuis son plus jeune âge donne davantage la possibilité aux individus de s'en défendre en développant des stratégies de valorisation sociale.

Des stratégies, il y en a ! Face au stigmate de l'âge, on peut se défendre individuellement ou s'appuyer sur un collectif.

- Sur le plan individuel, on retrouve les stratégies propres aux groupes « minorisés ». Par exemple la posture du « vieux jeune » est une forme de stratégie identitaire de type « assimilation » ; on essaie autant que possible de se conformer aux standards du jeunisme pour avoir le sentiment d'appartenir au groupe social valorisé. Une autre posture consiste à se comparer à d'autres vieux plus mal en point, voire à faire preuve vis-à-vis d'eux de discrimination. C'est ce que Masse et Meire ont observé :

au sein de maisons de retraite, des résidents âgés encore en bonne forme entretiennent des préjugés à l'égard d'autres qui affichent des déficiences cognitives ou physiques (comme l'incontinence), jusqu'à ne pas vouloir s'asseoir à la même table. Ce sont là autant de manières de réagir et de se défendre face au stigmate et la dévalorisation sociale.

• Les stratégies mises en œuvre peuvent aussi s'appuyer sur un groupe avec cette fois une dimension revendicative proche du lobbying. On est dans le paradigme de l'influence minoritaire dont les actions s'inscrivent dans une perspective de renversement des valeurs. Ainsi les actions de l'association Old'Up peuvent se rapprocher d'une telle stratégie avec leur slogan « plus si jeunes, mais pas si vieux », à la manière dont le mouvement « Black is beautiful » tentait de prendre frontalement le contrepied des stéréotypes d'infériorité accolés aux Afro-Américains.

Un environnement culturel favorable à l'âgisme

Comme je l'ai évoqué au début de ce livre, nous baignons dans une culture propice à l'âgisme, à commencer par nos représentations des cycles de la vie et de la vieillesse. Nous voyons la vie telle une courbe de Gauss qui se termine par une phase descendante, assimilant la vieillesse au déclin progressif et à la détérioration du corps et de l'esprit jusqu'à l'extinction finale. Avec une telle vision de l'existence, comment ne pas dévaloriser la période du grand âge !

Les normes sociales dominantes sont aussi propices à l'âgisme. Mesurer la valeur des individus à l'aune des critères de performance quantitative et de productivité économique, prôner l'indépendance et l'absence de contraintes en absolu de réussite et de bonheur, ce sont là autant de normes sociales, d'injonctions à être et à penser la vie qui portent le discrédit sur le temps de la vieillesse.

Le fait est, également, que le savoir-faire et l'expérience que l'on accumule au cours d'une vie ne sont pas au sommet de la pyramide des valeurs. L'information googlisée est bien plus prisée. C'est une grande différence avec des sociétés de tradition orale où ces savoirs d'expérience sont absolument cruciaux pour la survie du groupe. Chez nous, les savoirs sont emmagasinés dans des bases de données et ça nous suffit. Faut-il espérer une panne de courant généralisée pour voir les gens quémander à leurs vieux voisins quelques recettes précieuses pour cultiver leur jardin ?

Le dogme du « toujours plus » et de la propriété individuelle contribue lui aussi à jeter l'opprobre sur le grand âge. Avec la vieillesse, d'aucuns ont le sentiment d'être injustement dépossédés de quelque chose qui leur appartenait. Rien de plus sensé donc que de protéger son capital, de le défendre contre ces viles années qui voudraient nous en priver ! C'est une approche très matérialiste de la vie, dont le but suprême serait « d'avoir », encore et encore... Et « l'être » dans tout ça ?

Mais les faits sont là : nous ne sommes pas des Bouddhas ou des Jésus et l'on peut comprendre que la perspective de perdre nous angoisse (moi la première !), d'autant qu'elle s'accompagne souvent d'une crainte de la souffrance, de la maladie et de la dépendance. Quoi de plus naturel au fond que de vouloir repousser au maximum ce moment de la vie qui se rapproche tant de la mort qu'il en porte presque à l'avance les stigmates !

L'âgisme est un phénomène puissant parce qu'il a des assises profondes qui touchent au sens même de l'existence. Mais il faut bien voir aussi que si l'on cherche à se protéger de la vieillesse, c'est parce qu'on en a une image stéréotypée. **Or – c'est ce que j'ai voulu montrer dans ce livre – ces stéréotypes donnent raison à nos peurs ! Par des circuits multiples, via des mécanismes subtils et invisibles, qui se chevauchent, s'entraînent et se complètent, les stéréotypes négatifs sur le vieillissement produisent des effets psychologiques et physiques sur les individus qui vont à leur tour confirmer et valider ces mêmes stéréotypes.**

Quels enseignements tirer de ces effets pour essayer d'aller au-delà des constats et des explications ?

Des mécanismes inconscients

Le cerveau humain fonctionne naturellement à l'aide de catégories mentales pour appréhender le monde qui l'entoure. Nous percevons les gens, les choses, tout notre environnement via ces catégories qui nous permettent de disposer d'informations immédiates et de réagir en conséquence. C'est pratique, mais aussi source d'erreurs de perception et d'interprétation. D'abord, parce que certains indices présents dans l'environnement sont plus puissants que d'autres pour aiguiller notre compréhension, et l'âge en tant que marqueur social privilégié en fait partie. Ensuite, parce que parmi les informations disponibles, les stéréotypes jouent un rôle important. Ce sont des empreintes mentales profondes, assimilées très tôt dans l'enfance et qui sont entretenues au fil de la vie. Ils s'activent automatiquement, orientant notre regard et nos comportements sans même qu'on en prenne conscience, même si l'on n'est pas d'accord avec les présupposés que ces croyances véhiculent ! Il a ainsi été montré qu'il existe une forme d'âgisme inconscient qui fonctionne indépendamment des stéréotypes auxquels on adhère en conscience. C'est peut-être cela le plus terrible : même si nous n'adhérons pas aux stéréotypes négatifs liés à l'avancée en âge, ces derniers ont imprégné suffisamment notre mémoire pour produire des effets de manière inconsciente[48].

48 Ce résultat n'est pas propre à l'âgisme. J'ai déjà eu l'occasion de l'évoquer, il existe tout un pan de recherche depuis *Devine* (1989) qui montre que les stéréotypes influencent nos jugements même si nous n'y souscrivons pas. La plupart de ces travaux utilisent la technique des tests d'association implicite basée sur le temps de réponse des individus pour associer deux idées. Si le temps est court, cela signifie que l'association est forte dans le cerveau. À l'inverse, si le temps est plus long, c'est que la personne a dû réfléchir pour associer ou dissocier les deux images. Il existe un site francophone dédié : https://implicit.harvard.edu/implicit/canadafr/takeatest.html

On fait quoi alors ?

Dans son rapport mondial consacré à l'âgisme, l'Organisation Mondiale de la Santé recommande d'axer les actions sur les trois stratégies, qui selon elle, ont fourni les preuves de leur efficacité[49]. En premier lieu, il s'agit pour une société donnée de se doter de politiques et de lois visant à protéger et à lutter contre les inégalités et discriminations liées à l'âge. Les deux autres stratégies visent la mise en œuvre d'interventions éducatives et favorisant les contacts intergénérationnels. Ces recommandations sont reprises en France dans un certain nombre d'avis portés notamment par Audrey Dufeu-Schubert à la suite de son rapport « *Réussir la transition démographique et lutter contre l'âgisme* » (décembre 2019)[50]. Une proposition de loi n° 3958 a notamment été présentée en ce sens[51] pour compléter l'arsenal pénal actuel.

À propos de l'arsenal législatif et d'une politique nationale contre l'âgisme

Le code pénal sanctionne les atteintes à la dignité de la personne, dont les discriminations (Section 1, Article 225-1)[52]. Toutes distinctions basées sur l'âge sont punies de trois ans d'emprisonnement et de 45 000 euros d'amende

49 Rapport OMS 18 mars 2021, « L'âgisme, un enjeu mondial », https://who.int/fr

50 Voir notamment Dufeu, A. (2021). "*Comment combattre l'âgisme ?*". Regards, 59(1) : 91-101.

51 https://www.assemblee-nationale.fr/dyn/15/textes/l15b3958_proposition-loi#D_Chapitre_1er_3

52 https://urlz.fr/jfuG

lorsqu'elles se rapportent à la fourniture d'un bien ou d'un service, à l'exercice d'une activité économique ou au marché du travail.

La différence de traitement liée au critère de l'âge est ainsi prohibée par le droit national, tout comme par le droit communautaire[53], et sanctionnable dans certaines conditions. Néanmoins, force est de constater que l'engagement des politiques nationales porte moins sur les discriminations et l'accès aux droits des plus âgés que sur la protection des personnes âgées vulnérables. Ainsi, les Défenseurs des droits pointent-ils « *l'absence du sujet dans le débat public, la politique du vieillissement en France restant encore largement cantonnée à la sphère sanitaire et/ou médico-sociale*[54] ». Cela n'a pas toujours été le cas, le rapport Laroque de 1962, qui a lancé véritablement les politiques vieillesse en France, pointait avant tout la nécessité de construire des actions autour de l'intégration dans la société.

« L'accent doit être mis, par priorité, sur la nécessité d'intégrer les personnes âgées dans la société, tout en leur fournissant les moyens de continuer, le plus longtemps possible, à mener une vie indépendante par la construction de logements adaptés, par la généralisation de l'aide-ménagère à domicile, par la création de services sociaux de toute nature qui leur sont nécessaires, par l'organisation de leur occupation et de leurs loisirs. Ainsi, tout en évitant de faire naître, chez les vieillards, un sentiment de dépendance, pourra-t-on

53 Charte des droits fondamentaux de l'Union européenne (2000).

54 https://www.defenseurdesdroits.fr/fr/dossiers/2021/09/personnes-agees-des-droits-fragilises-par-la-dependance-et-les-discriminations

respecter le besoin qu'ils éprouvent de conserver leur place dans une société normale, d'être mêlés constamment à des adultes et à des enfants. » [55]

C'est à partir des années 1980 que les politiques vieillesse vont se polariser sur le versant « prise en charge de la dépendance », faisant la part belle aux déficits et aux pathologies, renforçant par là-même une vision négative du vieillissement.

Cette ambivalence entre, d'un côté, la défense de la citoyenneté et l'accès aux droits et, de l'autre, la protection de personnes vulnérables du fait du vieillissement, se retrouve dans certains textes de loi[56]. Par exemple celui relatif à la levée du secret professionnel concernant les atteintes constatées sur « *un mineur ou une personne qui n'est pas en mesure de se protéger en raison de son âge ou de son incapacité physique ou psychique* » (article 226-14 du code pénal). « Pas en mesure de se protéger en raison de son âge » : cette formulation illustre bien comment dans notre société nous sommes tiraillés entre deux nécessités, celle d'une égalité de traitement quel que soit l'âge de la personne majeure, et celle de devoir apporter une protection supplémentaire aux plus âgés, même ceux qui ne bénéficient pas déjà de mesures de protection particulière

55 Rapport Laroque, 1962 : 9

56 Cette ambivalence me rappelle une autre oscillation entre anti-discrimination et protection qui est décrite à merveille dans l'article de Poli, Lefrançois & Caradec (2009) : « Ce qui amène à souligner son ambivalence, la tension entre exclusion et protection qui la traverse. L'image de l'employeur qui refuse d'embaucher un quinquagénaire à cause de ses préjugés à l'encontre des seniors n'illustre en effet qu'un aspect – le plus simple – de la question. Un autre aspect, plus complexe, tient au fait que le traitement différentiel des personnes selon un critère d'âge peut constituer un acquis social. »

(tutelle ou curatelle par exemple). Voilà qui souligne à quel point il est finalement admis que les personnes âgées constituent une population fragile incapable de se protéger et de s'occuper d'elle-même.

Au-delà des situations de discrimination décrites dans le code pénal, d'autres dispositions régissent les atteintes dont peuvent être victimes les personnes âgées. Il s'agit notamment de celles qui visent la lutte contre la maltraitance[57]. Plus spécifiques au secteur médico-social, il existe aussi plusieurs chartes éthiques visant à protéger le public âgé dit vulnérable – comme la *Charte des Droits et Libertés de la personne âgée en situation de handicap ou de dépendance*[58] ou encore la *Charte des droits et libertés de la personne accueillie*[59], et plus récemment la *Charte éthique et accompagnement du grand âge*[60] – ainsi qu'un ensemble de protocoles et de recommandations de bonnes pratiques visant le développement de la bientraitance en établissement et à domicile.

Ne pas culpabiliser pour ouvrir la réflexion !

Je l'évoquais plus haut, parmi les stratégies de lutte contre l'âgisme préconisées par l'OMS, se trouvent les actions éducatives basées notamment sur une démarche réflexive

57 https://solidarites-sante.gouv.fr/affaires-sociales/personnes-vulnerables/lutte-contre-la-maltraitance-des-personnes-vulnerables/article/quelle-politique-nationale-contre-la-maltraitance

58 https://solidarites-sante.gouv.fr/IMG/pdf/charte_2007_affiche-2.pdf

59 https://solidarites-sante.gouv.fr/IMG/pdf/EXE_A4_ACCUEIL.pdf

60 https://solidarites-sante.gouv.fr/IMG/pdf/2021_charte_ethique_grand-age_web.pdf

invitant au dialogue dans différents espaces sociaux (dans le cadre privé, au travail, auprès des acteurs politiques). Un guide a ainsi été édité en ce sens en langue française[61].

Dans la lignée de ces recommandations, je ne pense pas qu'il faille se sentir coupable de faire preuve d'âgisme. D'abord, parce que nous sommes avant tout le produit d'une culture qui nous dépasse et que les stéréotypes sociaux sont incorporés dès le plus jeune âge. Ensuite, parce que l'âgisme repose pour beaucoup sur une démarche bienveillante, autrement dit sans intention de nuire à l'autre, et que dans ce cas ce n'est pas en condamnant qu'on amène les individus à comprendre ce qui se joue dans leurs conduites. Au contraire, on risque de les braquer en les dévalorisant, ce qui reviendrait à fermer la porte à la réflexion. D'ailleurs, les sciences cognitives montrent bien combien notre cerveau est naturellement sujet à des biais de raisonnement freinant le changement d'opinion (biais de confirmation, réduction de la dissonance cognitive, etc.). Des travaux plus récents s'appuyant sur l'imagerie cérébrale tendraient même à montrer que les zones du cerveau dédiées au traitement de l'information sont automatiquement inactives quand les individus sont attachés à leurs croyances et qu'ils identifient clairement les propos reçus comme émanant du camp adverse.

En d'autres termes, le risque serait finalement d'induire un discours public policé où l'on ne dirait plus tout haut ce qu'on pense tout bas. Si l'enjeu est de changer en profondeur les croyances et les idées préconçues sur la vieillesse, il faut

61 Lancer un dialogue sur l'âgisme. https://urlz.fr/jfuP

préalablement les laisser s'exprimer librement sans jugement. C'est en verbalisant clairement ses idées que l'on peut d'abord en prendre conscience et qu'un travail réflexif peut alors s'engager. « Les vieux puent, se pissent dessus et perdent la boule » : sur un tel propos, on peut gratter, élimer et pourquoi pas ouvrir une porte. Si on braque, on ferme la porte. Si on ridiculise ou dévalorise celui qui préjuge, on retire la poignée pour le rendre prêt à recevoir l'information. Cela ne garantit pas qu'il va y consentir mais il va au moins l'entendre et en retenir des éléments qui feront peut-être leur chemin.

Ne pas culpabiliser donc, mais encore faut-il que l'âgisme s'affiche explicitement. Le problème est qu'il est souvent difficile de le reconnaître parce qu'on ne s'en rend même pas compte. Pire, on pense agir dans l'intérêt de l'autre. C'est souvent le cas des professionnels du soin et de l'aidance et c'est pourquoi je pense que des actions de sensibilisation doivent cibler particulièrement cette population. J'aurai l'occasion d'y revenir, mais dès à présent je voudrais m'arrêter sur la troisième stratégie préconisée par l'OMS, basée sur les contacts intergénérationnels.

L'importance de la mixité intergénérationnelle

Changer le regard sur la vieillesse et le vieillissement : il est difficile de trouver une voie d'entrée pour insuffler un changement dans les représentations, d'autant que dès 3 ou 4 ans les enfants manifestent déjà des préjugés sur les plus âgés. Des préjugés qui peuvent se transformer en communication stéréotypée très jeune également, dès 7 ans, et ce alors même que les enfants pensent agir pour le bien des anciens.

Il y a en fait deux manières de voir les choses : soit on considère que nos représentations sur la vieillesse sont trop profondément ancrées culturellement pour pouvoir évoluer ; soit on estime que si les jeunes ont déjà intégré les stéréotypes âgistes, c'est auprès d'eux qu'il faut intervenir en priorité pour essayer d'enrayer la mécanique. C'est dans cette seconde perspective que se situent les principales recommandations contre l'âgisme, en développant des actions éducatives chez les plus jeunes et en favorisant les contacts intergénérationnels.

Les contacts intergénérationnels sont préconisés pour lutter contre l'âgisme et à juste titre me semble-t-il. En effet, dans une des expériences évoquées plus haut, l'opinion des jeunes enfants à l'égard des personnes âgées en général était plus positive lorsque ces enfants avaient spontanément évoqué leurs grands-parents lors du test[62]. Plus explicite encore, l'autre expérience montrait que les biais de perception en lien avec des stéréotypes négatifs sur le vieillissement étaient quasiment absents chez les très jeunes enfants qui avaient des contacts réguliers avec des personnes âgées[63]. On parle de plus en plus de l'importance des liens intergénérationnels, mais pour que cela ne reste pas des mots en l'air, il faut créer les conditions d'une réelle mise en relation.

Il a d'ailleurs déjà été démontré, mais dans un autre domaine, que l'impact des stéréotypes était réduit quand on entretenait avec la personne cible de ces stéréotypes une relation d'interdépendance. Dans une célèbre expérience de Neuberg et Fiske (1987), les individus avaient tendance à

62 Flamion & coll. (2020).

63 Kwong See & Nicoladis (cité par Adam et coll., 2013).

moins se baser sur les stéréotypes sociaux du schizophrène pour se former une image de la personne lorsqu'ils pensaient devoir coopérer avec elle pour obtenir une récompense. Ce ne sont pas tant les contacts sociaux qui semblent être efficaces dans cette étude, mais le fait d'être lié à l'autre par un but commun et une perspective positive. Déjà en 1945, Shérif avait montré que si les stéréotypes étaient une stratégie naturelle des groupes pour se différencier positivement des autres tout en créant une cohésion interne, il était possible de réduire leur impact en créant un contexte de coopération inter-groupes. Certes, ces études de psychologie ne traitent pas spécifiquement des stéréotypes âgistes et de l'importance des contacts vieux/jeunes, mais c'est au fond presque du bon sens. Si on cache les vieux, et donc toute la diversité des expériences de vieillissement, on ne peut que donner raison à nos croyances en entretenant une vision sombre et dégradante de la vieillesse.

On comprend mieux l'enjeu et la nécessité d'appuyer plus encore les initiatives – heureusement de plus en plus nombreuses – où des enfants en crèche ou à l'école maternelle sont amenés à partager un moment autour d'une activité commune avec de vieilles personnes vivant en maison de retraite. Systématiser de tels projets tout au long du parcours scolaire de l'enfant peut induire des changements dans les représentations, notamment s'ils s'accompagnent d'un travail réflexif en classe sur les croyances partagées. Pour être efficaces, il est important aussi que ces projets s'appuient sur le partage d'une activité qui soit associée à du positif, que ce soit quelque chose de valorisant ou une source de plaisir et de bien-être. Mais cela ne peut fonctionner que si c'est le cas de part et d'autre, pour les plus jeunes, pour les plus vieux, et pour les professionnels qui portent ces projets. D'autres initiatives similaires sont également à souligner et à valoriser, comme celles basées sur le principe du don/contre-don où chacun apporte une expertise que l'autre n'a pas (aide aux devoirs pour les uns et initiation au numérique pour les autres).

Si ces projets éducatifs sont autant d'occasions d'aller à la rencontre des plus âgés, c'est cependant l'architecture globale de la société qui doit favoriser la mixité. Quand je parle d'architecture, je fais explicitement référence au modelage physique des territoires sur lesquels se déploient les interactions sociales. Autrement dit, l'architecture des villes, les modes de circulation et d'habitation, les transports publics, les EHPAD, tout cela doit évoluer dans cet esprit du vivre ensemble. Ce n'est évidemment pas gagné au vu de la lenteur et des résistances rencontrées dans le champ du handicap où, après les intentions de principe, nous sommes passés depuis longtemps aux décisions politiques sans que cela soit forcément bien appliqué dans les faits. Néanmoins, des choses se mettent en place, comme le label « Villes amies des aînés »[64]. Bien qu'on ne soit pas encore dans une politique portée au niveau national, on a commencé à changer de direction par rapport à une période où l'on avait plutôt tendance à supprimer les bancs publics pour chasser de la vue toute forme d'errance, compliquant par là-même le déplacement de nombre de citoyens et des personnes âgées en particulier.

---

64 http://www.villesamiesdesaines-rf.fr/files/ressources/300/362-charte-du-rfvaa.pdf

Cette ambition peut paraître utopiste. D'aucuns n'y verront que des paroles stériles dans un monde de brutes, mais il semble pourtant bien que la mixité et le vivre ensemble soient la meilleure issue pour aider à bien vieillir. Si on isole les plus dépendants, on ne fait que rajouter du fantasme à la peur.

La mixité intergénérationnelle permet aussi de se rendre compte que l'on peut partager des expériences communes de discrimination aux deux extrémités des âges de la vie, par exemple dans l'accès à l'emploi ou aux crédits bancaires. C'est très criant dans le monde du travail où le chômage et la précarité frappent plus durement ces deux tranches d'âges. On peut ainsi constater que les préoccupations des uns et des autres ne sont pas si éloignées. Mais, surtout, le fait de créer des ponts peut aider à mieux percevoir l'âgisme ordinaire à l'égard des aînés. Quand on est jeune, on peut facilement se sentir discrédité, victime d'un manque de crédibilité et de légitimité, par exemple pour porter des discours sérieux et sensés sur la société, à l'instar de Greta Thunberg. Ce discrédit et le sentiment qu'il procure, il est intéressant de les mettre en parallèle avec la suspicion d'incompétence et d'incapacité à s'occuper de soi à laquelle sont très souvent confrontées les personnes plus âgées. Pour une jeune personne, comprendre qu'il s'agit d'un discrédit semblable à celui qu'elle éprouve peut l'aider à percevoir la violence de l'âgisme ordinaire.

Sortir de l'invisibilité certaines réalités cachées de la vieillesse

Changer le regard sur la vieillesse implique de sortir d'une vision exclusivement déficitaire et médicale du vieillissement. Ce n'est pas nier la survenue de pathologies liées au processus de vieillissement biologique qui forcément seront présentes à un moment et à un autre du grand âge puisque c'est de cela qu'on meurt. On ne meurt pas directement du vieillissement mais des conséquences de pathologies liées au dysfonctionnement de nos tissus et de nos organes, inévitables avec le vieillissement. D'ailleurs, on meurt principalement de la même chose, que l'on soit vieux ou pas, à savoir de tumeurs et de maladies de l'appareil circulatoire. Donc il ne s'agit pas de nier ce principe de réalité, mais d'accepter plus volontiers la nuance, la diversité et la complexité des choses de la vie.

Accepter la nuance

Accepter la nuance, c'est par exemple concevoir que l'on peut mourir centenaire d'une défaillance organique aiguë tout en étant en bonne santé apparente avant la mort[65].

C'est admettre que les incapacités ou les dépendances que l'on peut rencontrer plus souvent dans le grand âge ne se vivent pas de la même manière selon les personnes et les environnements de vie. Disposer d'un réseau social répondant

---

65 Berzlanovich et coll. (2005), J Gerontol A Biol Sci Med Sci, 60(7):862-5. https://pubmed.ncbi.nlm.nih.gov,/16079208/

à nos besoins, ne pas souffrir de solitude ou se sentir soutenu dans ses choix par ses proches, tout cela constitue un terrain propice au bien-être (étayage socio-affectif) et au maintien de ses capacités fonctionnelles (sollicitation et stimulation). De même, quand on dispose d'un logement adapté à la circulation d'un déambulateur, avec une cuisine, une salle de bain et une chambre dotées de matériel domotique permettant de pallier la baisse des capacités physiques, on pourra continuer à vivre chez soi plus ou moins comme on l'entend.

Accepter la nuance, c'est aussi concevoir que l'expérience du vieillissement n'est pas seulement quelque chose qui se vit dans le corps, que c'est également une expérience sociale et psychologique – plurielle à tous les niveaux. Plurielle parce qu'elle n'est pas linéaire pour une même personne, mais faite de hauts et de bas, de richesse et de pertes, etc. Plurielle tout autant en termes de diversité inter-individuelle. Personne ne vit le vieillissement de la même manière, rien ne nous différencie plus les uns des autres que l'expérience de la vie et ce qu'on en fait ou ce qu'elle fait de nous.

Le travail invisible des vieux est inestimable

Changer le regard sur la vieillesse nécessite donc de sortir de l'invisibilité cette diversité des expériences de vieillissement, et d'abord en ouvrant les yeux sur le travail invisible des plus âgés. Combien d'associations en France tiennent grâce aux interventions bénévoles de vieilles personnes ! Combien de bibliothèques en milieu rural sont tenues par des retraités !

Remarquez que, lorsqu'on on parle du rôle actif des vieux dans la société, on utilise plus volontiers le mot « retraités ». Or ma grand-mère, qui a été bénévole pendant de longues années et jusqu'à un âge très avancé, n'avait quasiment jamais occupé de travail rémunéré auparavant. Des gens plus âgés, sans activité professionnelle, qui participent à rendre le monde vivable et habitable[66], il y en a. Il y en a même beaucoup et sans eux il est certain que la cité aurait plus de mal à fonctionner. Un travail dont on ne parle pas ou peu, un travail que l'on pourrait dire invisibilisé à la faveur d'une autre figure de vieux actif, celle du vieux consumériste perfusé aux loisirs de masse.

J'évoquais l'engagement bénévole des plus âgés dans le cadre associatif ou d'utilité publique, mais il y a aussi le soutien des grands-parents à la garde des petits-enfants en bas âge. Cela aussi est inestimable et permet au système de tenir la route. C'est à rapprocher de la situation des proches aidants : le fait de considérer ce rôle comme de la solidarité familiale empêche de voir l'importance de ce temps consacré à l'autre pour la société dans son ensemble. Il y a en effet fort à parier que si les grands-parents n'assuraient plus ce rôle, on se rendrait vite compte des trous dans la raquette en matière d'offre de garde.

66 J'emprunte cette expression à la philosophe Cynthia Fleury qui l'avait évoquée dans une conférence filmée sur la notion du care : tous ces acteurs invisibles du prendre soin – et notamment des femmes – qui font que le monde est habitable sans jamais que leurs bons soins soient considérés à leur juste valeur.

L'exposition à un imaginaire plus positif sur le vieillissement

On sait aussi que l'exposition à un imaginaire plus positif de la vieillesse (par exemple la sagesse) induit des effets inverses à ceux observés dans le cas des stéréotypes négatifs, avec un bémol tout de même, à savoir que les stéréotypes négatifs ont une puissance d'impact bien supérieure. Néanmoins, pourquoi alors ne pas capitaliser sur ces atouts pour renverser la dynamique et faire en sorte qu'elle soit plus vertueuse en mettant davantage en avant des figures de vieux qui nourrissent une image positive de la vieillesse (expériences, savoirs, sagesse) ?

Car des grands âgés célèbres qui tordent le cou aux stéréotypes, il y en a. Beaucoup d'artistes bien sûr, encore en vie comme Clint Eastwood ou Anthony Hopkins ; plus récemment décédés comme Jeanne Moreau, Jean-Louis Trintignant, Emmanuelle Riva, Robert Hossein, Annie Cordy, Roland Petit ; et si l'on va plus loin dans l'histoire, Sophocle aurait écrit une de ses dernières pièces, Electre, vers 80 ans, Michel-Ange serait mort aux alentours de 90 ans toujours actif sur le plan artistique. Dans le monde des idées aussi, des figures médiatiques de vieux qui sont respectés pour la richesse de leurs analyses, de leur prise de recul, il y en a, des militants aussi. On peut citer Edgar Morin qui a fêté dernièrement ses 100 ans, Pierre Rabhi, Stéphane Hessel, l'Abbé Pierre et son merveilleux discours de colère prononcé en 1984. Les femmes plus âgées sont, comme toujours, moins nombreuses à être visibles, mais il y en a aussi : Mère Teresa, Line Renaud, Jane Fonda.

Certes, la plupart de ces personnes ont été reconnues bien avant d'être officiellement vieilles. Leur valeur ou leur mérite tiennent moins à leur âge qu'à leurs qualités intrinsèques. Le constat que la vieillesse ne rime pas inexorablement avec l'affaissement cérébral est néanmoins une idée qui bouscule bien des stéréotypes sur le vieillissement. Il me semble important de cultiver dans son imaginaire personnel des références positives de vieux vis-à-vis desquels il fait bon s'identifier. C'est un peu le même effet motivant et libérateur qu'a eu Nelson Mandela, premier président noir d'Afrique du Sud, cela ouvre le champ des possibles autant que les perspectives d'avenir.

Attention tout de même, les figures contre-stéréotypiques ne remettent pas forcément en question le noyau dur du stéréotype. C'est ce qu'on appelle le phénomène de sous-typage, le noyau dur n'est pas entamé, on assiste juste à l'apparition de figures d'exclusion à la règle. Ainsi, Marie Curie est-elle reconnue comme une scientifique d'exception tant par l'importance de ses travaux que par le fait qu'elle était une femme dans un univers d'hommes. Première femme à avoir reçu le prix Nobel, seule femme doublement nobélisée, qui plus est dans le domaine des sciences physiques, ces reconnaissances publiques ont fait d'elle une exception féminine sans pour autant bouleverser les croyances quant à la supériorité naturelle des hommes pour les sciences.

C'est aussi pour cette raison que, malgré tous ces personnages publics qui s'inscrivent en porte-à-faux avec l'image de la vieillesse décadente, nous avons tendance à les percevoir avant tout comme des exceptions. C'est le milieu qui conserve !

Comment dépasser le caractère d'exception pour voir dans ces figures de vieux une des manifestations possibles du vieillissement ? C'est certainement en multipliant les contre-exemples dans divers domaines de la vie, parmi les figures publiques, mais aussi parmi les inconnus, que l'on peut véritablement faire en sorte que des imaginaires plus positifs sur la vieillesse s'imposent face au noyau dur du stéréotype de la décrépitude du corps et de l'esprit. Je parle d'imaginaire plus positif, mais sans pour autant renvoyer au spectaculaire et à l'exploit. C'est aussi en montrant tout ce qui ne change pas avec l'âge, autant qu'on s'autorise encore à l'exprimer. Le désir, le besoin de se sentir appartenir, les élans existentiels, tout cela ne disparaît pas avec le vieillissement. Si le corps fonctionnel s'abîme généralement avec le temps, le corps émotionnel et affectif a toujours besoin d'être nourri.

Mettre en avant socialement et médiatiquement des images contre-stéréotypiques constitue donc un levier important de changement social, qui ne doit toutefois pas être confondu avec les images marketing du senior actif, alerte et technophile. Cette figure reflète, certes, en partie la diversité des modes de vie des plus âgés, mais elle porte aussi en elle une nouvelle injonction sur la bonne manière d'être vieux qui dévalorise ceux qui s'en écartent. Je pense à tous ceux qui ne peuvent pas répondre à ces standards du fait des conséquences de leur maladie, de déficiences organiques, de faiblesses du corps, mais à cause aussi d'une vulnérabilité sociale et économique. Le fait de ne pas pouvoir répondre à cet idéal ne les empêche pas de ressentir des désirs, du plaisir, d'avoir des rêves et même pourquoi pas de les réaliser.

Changer le regard sur la vulnérabilité

J'en viens à un point qui me paraît extrêmement important : on ne peut changer le regard sur la vieillesse qu'en changeant aussi le regard sur la vulnérabilité, la dépendance et la perte d'autonomie. Ce n'est qu'ainsi qu'on évitera le phénomène de sous-typage, ce n'est qu'ainsi qu'on évitera de construire une vieillesse à deux visages, une face présentable et une autre cachée car portant les stigmates de l'abjecte vérité.

J'aimerais bien évidemment que de telles incantations suffisent à opérer des évolutions dans nos représentations, mais il nous faut bien admettre que tout cela ne peut s'améliorer d'un coup de baguette magique, ni même en laissant le temps faire son travail. C'est un long processus de changement, de jeu d'influence, de pouvoir aussi. Car le regard que nous portons sur la dépendance et la fragilité touche à des aspects de notre culture, à des valeurs érigées en principes de vie qu'il est difficile de modifier par de simples incantations. Le contexte de transition que nous connaissons aujourd'hui semble malgré tout favorable à une telle dynamique de changement. On voit bien que le modèle actuel de la croissance perpétuelle basée sur des ressources qui seraient infinies s'effrite.

Il y a peu je regardais un reportage sur Arte où il était dit que Hiroshima et Nagasaki avaient été des événements clés dans le début d'une remise en question de la toute-puissance humaine : la prise de conscience de notre capacité à détruire l'humanité et la planète tout entière avait suscité une autre une prise de conscience, celle de notre propre vulnérabilité. Changer le regard sur la vulnérabilité dépasse largement la question de la dépendance dans le grand âge, il concerne le rapport à notre propre vulnérabilité en tant qu'espèce vivante.

Nous avons tendance à penser que l'être humain est une machine dont l'état normal est de fonctionner sans bug. Mais qui passe une année de sa vie sans bug, sans flancher, sans petits et grands maux ? Même une personne répondant aux standards de la société en termes d'indépendance, d'autonomie, de puissance d'action sur son environnement, même cette personne-là fera face à des incidents, à de petits problèmes de santé et au sentiment de manque. Les failles intérieures comme les accidents font partie de la vie. C'est cela la normalité car c'est cela notre lot commun ! Bien sûr, ce lot commun n'est pas partagé de façon équitable mais nous l'expérimentons tous à des degrés différents selon les individus, et pour un même individu, selon les périodes de son existence. Dès lors que l'on place la fragilité et la dépendance, non pas dans les marges, mais au centre des trajectoires humaines, il n'y a plus, d'un côté, des vulnérables/faibles, et de l'autre, des invulnérables/forts. Tout tient sur un fil à l'image de la funambule de Patrick Fougeyrollas[67], tout est circonstancié, tout est éphémère. Nous sommes tous à des degrés variables des êtres dépendants en puissance. Le vieil homme qui marche avec un déambulateur peut expérimenter dans la rue de sa cité aux trottoirs alambiqués une situation de grande vulnérabilité en comparaison de son congénère plus jeune aux pas vifs. Mais celui-ci se trouve peut-être dans

67 Patrick Fougeyrollas, *La funambule, le fil et la toile : Transformations réciproques du sens du handicap*, Presses Université Laval, 2011.

une grande dépendance financière à l'égard de ses parents ou verra sa mobilité soudainement gênée à la suite d'un banal accident de foot lui causant une fracture du tibia-péroné !

La dépendance n'est pas le hors-norme, elle est au cœur de notre existence en tant qu'espèce. Il est d'ailleurs une anecdote attribuée à Margaret Mead[68] qui illustre bien cette idée : à la question d'un étudiant de savoir quel était le premier signe d'une civilisation, elle aurait répondu « un fémur cassé puis guéri », pointant ainsi la fragilité de l'existence – dans le règne animal, il est impossible de survivre à une jambe cassée – et l'importance du prendre soin dans les sociétés humaines.

Cette dépendance ne s'exprime pas sous la même forme et avec la même intensité pour tous, elle varie au cours des périodes de la vie, mais elle caractérise chacune de nos existences. Certains dépendent de l'aide d'autrui tous les jours pour les actes essentiels de la vie (s'alimenter, se déplacer, etc.). À l'opposé, d'autres mènent une vie en apparence totalement indépendante et autonome, alors qu'en réalité pour pouvoir mener cette vie, ils dépendent complètement de services d'autrui et de technologies développées avec des matériaux venus des quatre coins du monde. Par ailleurs, si ces personnes tombent malades ou ont un accident qui les rend invalides pendant un certain temps, elles expérimenteront une autre forme de dépendance, plus visible et plus concrète, la dépendance aux soins.

68 http://institutions.ville-geneve.ch/fr/bm/interroge/questions-recentes/questions/detail/quelle-est-lorigine-de-laffirmation-selon-laquelle-le-premier-signe-de-civilisation-serait-un-fem/

Il est vrai que changer le regard sur la vulnérabilité peut paraître utopiste car il s'agit en vérité de concéder que nos standards de vie – toutes les valeurs dominantes dans notre société – doivent être reconsidérés. Utopiste car il ne s'agit plus seulement de lutter contre l'âgisme mais d'envisager un autre projet de société : un projet qui placerait la vulnérabilité au centre des trajectoires humaines ; un projet où l'on apprendrait à profiter de ce que l'on a sans se sentir coupable de ne pas avoir plus ou de ne pas pouvoir avoir plus...

Ainsi formulé, voilà qui peut paraître très abstrait, mais la portée de cette approche est aussi pragmatique. Dès qu'on envisage la fragilité et la dépendance comme des caractéristiques communes aux êtres humains, variables en intensité et dans le temps, on décentre son attention des carences et des limitations de l'individu qui vit une situation de dépendance. On appréhende certes les besoins propres qui sont les siens dans cette situation, mais on le considère aussi plus globalement au-delà de son trouble et de ses besoins. Ainsi, une personne âgée atteinte par une pathologie neuro-évolutive présente des limitations dans la capacité à décider par elle-même l'orientation de ses actes et les risques encourus, mais une limitation ne signifie pas une impossibilité totale. Répétons-le : tout est une question de degré. Quand le contexte s'y prête, cette personne peut encore opérer des choix dans sa vie.

Parce que nous ne nous réduisons pas à la somme de nos incapacités (ni même de nos capacités), nombreux sont les penseurs et les professionnels qui militent pour une autre prise en soin des personnes plus dépendantes afin de maximiser l'autonomie et l'expression de leurs capacités, plutôt que de se centrer sur les limitations. Nombreux aussi sont ceux qui pensent que l'on peut accompagner les aînés en perte d'autonomie sans forcément réduire leur existence à celle d'un malade ou d'un patient : remise en question de la blouse en tant qu'uniforme parce qu'elle n'aurait pas sa place dans un environnement de vie normal, questionnements sur la dialectique « lieu de travail ou lieu de vie », réflexion sur la portée du langage professionnel lorsque, par exemple, on présente une personne âgée en utilisant les termes de « dément déambulateur, fugueur, résistant au soin ».

Qu'est-ce que prendre soin sinon viser à maintenir ou restaurer le bien-être et l'autonomie d'une personne même quand cette autonomie semble compromise ? Pour Paul Ricœur, le paradoxe de l'humanité fait que « parce que l'homme est par hypothèse autonome, il doit le devenir ». Pourquoi priver les plus vieux et les plus fragiles de cette hypothèse ? Il ne faudrait jamais perdre de vue cet objectif d'autonomie parce que ce n'est qu'en projetant une autonomie possible qu'on peut la faire advenir.

Considérer la personne autrement qu'au travers de ses incapacités ou de ce qu'elle ne peut plus faire seule me fait penser au *regard positif inconditionnel* de Carl Rogers en thérapie. C'est sortir d'un cadre évaluatif muni de grilles de lecture formatées (ou en tout cas questionner sans cesse son regard afin de s'en détacher au maximum) pour accepter l'autre ; accepter ses imperfections, ses failles, ses manques, ses limitations pour mieux s'ouvrir à ce qu'il peut ressentir dans l'ici et maintenant de la situation.

Sensibiliser, former et accompagner les pratiques des professionnels de l'aide et du soin

S'il fallait ne retenir qu'une seule idée de ce livre, ce devrait être celle-ci : les stéréotypes sociaux fournissent à notre cerveau une bonne partie des informations dont nous avons besoin pour interagir avec un individu. En cela, ils sont sources de biais cognitifs inconscients qui déforment la manière dont nous percevons et interprétons une situation, ce qui influence nos comportements avec les autres. L'âge est, comme le genre, un marqueur social très puissant qui détermine fortement la façon dont nous interagissons avec quelqu'un.

Ainsi, la façon d'entrer en communication et d'interagir avec une personne âgée dépend pour beaucoup de nos attentes stéréotypées – qui sont donc préexistantes à l'interaction – au détriment d'informations réellement disponibles sur la personne. Ces distorsions sont encore plus présentes quand la personne âgée affiche une faiblesse pouvant servir de cheval de Troie aux stéréotypes âgistes.

Le problème, pour les professionnels soignants et de l'aide à la personne, c'est que c'est justement cette faiblesse qu'ils voient en premier et qui oriente le reste de la relation. La fragilité de la vieille personne est d'ailleurs la voie d'entrée en communication avec elle : « Je suis là parce qu'elle présente des symptômes, des troubles, des incapacités qui font qu'elle a besoin de moi ». C'est la voie d'entrée, mais cela affecte aussi le sens même du travail pour ces professionnels dont le rôle est tourné vers la prise en soin de cette fragilité.

Par ailleurs, le fait de travailler auprès de personnes âgées en situation de dépendance alimente et renforce une vision pathologique du vieillissement. C'est une situation des plus communes pour un soignant ; la très grande majorité des plus âgés qu'il côtoie présentent effectivement des pathologies multiples, des comorbidités, avec des niveaux de dépendance très élevés. Pour donner un ordre d'idée, plus d'un tiers des résidents en EHPAD vivent avec une maladie neuro-évolutive[69].

Notons enfin que face à ces professionnels les personnes sont souvent plus démunies, plus captives, avec moins de possibilité d'éviter ces confrontations. Il est aussi plus difficile de s'en défendre : le poids de l'institution, la posture de sachant, la dépendance aux soins, rendent la personne âgée plus soumise et vulnérable. Elle peut même trouver un intérêt à se conformer à l'image qu'on se fait d'elle, notamment si c'est la seule manière de rentrer en relation avec autrui. Dès lors que les seuls contacts sociaux qu'elle a dans sa journée visent à répondre à ses besoins d'assistance et de prise en charge, l'expression de tels besoins peut devenir un moyen pour satisfaire d'autres besoins plus psychologiques et sociaux cette fois. En somme, si c'est la seule façon de recevoir un peu d'attention, la personne finit par faire ce qu'il faut pour mériter cette attention.

Pour toutes ces raisons, il est important de développer des actions spécifiques à destination de ces professionnels pour à la fois les sensibiliser à la mécanique de l'âgisme et

69 Drees (2022). https://drees.solidarites-sante.gouv.fr/sites/default/files/2022-07/er1237.pdf

les accompagner dans la prise de recul sur leurs pratiques. J'évoquais plus haut les professionnels soignants et de l'aide à la personne, mais ce sont bien l'ensemble des acteurs qui entretiennent une relation d'aide, de soin ou d'accompagnement avec une personne plus âgée qui sont concernés. Du médecin traitant à l'agent de restauration en hébergement collectif, en passant par l'auxiliaire de vie, le coordinateur, le responsable secteur, les évaluateurs APA, tous ces acteurs sont susceptibles d'être intéressés par des actions de ce type, sans oublier un acteur clé en matière d'aidance, le proche de la personne aidée !

De l'évaluation de la dépendance...

En France, lorsqu'après 60 ans on exprime un besoin d'aide pour réaliser les actes du quotidien, il faut déposer une demande d'APA (Allocation Personnalisée d'Autonomie) auprès du service Autonomie de son département. Une équipe médico-sociale se rend ensuite au domicile du demandeur pour procéder à « l'évaluation de la perte d'autonomie » de ce dernier.

Souvent, les évaluateurs sont sensibilisés au fait que les personnes peuvent avoir tendance à vouloir donner le change et à sous-exprimer leurs difficultés et leurs besoins. Mais pourquoi ne pas les sensibiliser aussi aux phénomènes de menace du stéréotype et d'auto-stéréotypisation ?

En soi, ce type d'évaluation est naturellement source de stress et de déstabilisation. Ce n'est pas une situation neutre, elle signifie quelque chose de fort, de potentiellement brutal aussi dans le parcours de vie de la personne. À cela s'ajoute tout ce que celle-ci anticipe du regard qui est posé sur elle par ces professionnels extérieurs : « Ils vont me voir comme une pauvre vieille qui ne peut plus se débrouiller seule ! » La situation en elle-même et ce qu'elle génère comme ressentis ont tendance à faire naître des idées parasites, anxiogènes, qui vont perturber la personne dans son fonctionnement. Cela peut jouer également comme un déclencheur intérieur de confirmation des stéréotypes négatifs sur le vieillissement. Le prisme du déclin et de la dépendance devient auto-pertinent pour se penser soi-même et envisager le cours futur de sa vie, avec toutes les conséquences que cela peut avoir sur la motivation, le bien-être et les comportements en santé de la personne.

Par rapport à tous ces risques potentiels, on mesure plus encore la nécessité d'accompagner une telle évaluation d'un discours valorisant et rassurant, à la fois sur les potentialités de la personne et sur le vieillissement proprement dit. C'est d'autant plus important qu'il s'agit généralement du début d'une longue série d'évaluations (bilan gériatrique, évaluation des besoins par un responsable secteur d'une structure d'aide à domicile, etc.) et de changements dans la vie d'une personne, avec tout ce que cela implique en termes d'anxiété et de réactivité cardio-vasculaire au stress, sans parler des atteintes à l'image de soi.

...à l'évaluation des besoins

Il en est de même pour l'évaluation des besoins pour une aide à domicile. L'approche est essentielle sous l'angle de la réassurance et du respect de l'autonomie. Un professionnel qui centre son intervention sur ce que la personne ne peut plus faire, qui parle directement de réévaluations régulières des besoins pour suivre l'évolution de l'état de santé, ou encore qui s'adresse principalement aux proches présents, en dit long sur la manière dont il considère la personne à qui il apporte son aide. Sans le vouloir, il lui assigne une place dans la relation d'aide qui n'est pas sans lien avec sa propre représentation du vieillissement et des capacités des grands âgés. En ce sens, la démarche de bientraitance, à l'égard de personnes âgées qui vivent des situations de dépendance plus ou moins sévères, ne peut faire l'impasse d'un travail réflexif sur ses propres représentations du vieillissement et de la vieillesse.

Lutter contre l'âgisme : un angle mort des dispositifs de bientraitance ?

Autant l'âgisme en tant que discrimination sociale pose la question de l'égalité des droits dans le vieil âge, autant l'âgisme dans le champ du soin et du médico-social pose avec acuité la question de la bientraitance. Les deux enjeux ne sont pas forcément liés dans le sens où la démarche de bientraitance implique un regard à 360° qui dépasse le sujet des stéréotypes négatifs sur le vieillissement. Elle dépasse donc le sujet de l'âgisme, tout en l'intégrant complètement. Autrement dit, la déconstruction des présupposés âgistes fait pleinement partie à mes yeux de la démarche de bientraitance.

La bientraitance dans le soin et le prendre soin suppose d'interroger les ressorts de ses pratiques, ce qui guide ses conduites, ce qui motive ses actions. Bien souvent nous n'avons pas conscience de ce qui se joue dans l'ici et maintenant d'une situation. Il faut dire qu'il y a tellement de niveaux d'explication qui s'entrechoquent et s'entrecroisent. Les conduites sont codifiées par une culture professionnelle, un cadre d'action propre à un métier et à un secteur d'activité, lui-même rattaché à des conventions collectives spécifiques, ainsi qu'à une législation particulière (voir le Code de la Santé publique ou le Code d'Action Sociale et des Familles) et tout un arsenal de recommandations de bonnes pratiques. À ces premiers cadres s'ajoute celui de l'organisation de travail à laquelle on appartient et qui, elle-aussi, a une histoire et une culture qui lui sont propres, avec des habitudes et un fonctionnement particuliers. À cela s'ajoutent encore d'autres cadres d'actions liés au service, à l'équipe de travail, aux relations inter-services, à l'espace physique dans lequel on exerce ses fonctions. Sans oublier, bien évidemment, le cadre que l'on se donne, ou que l'on essaie de se donner, en lien avec nos valeurs, la manière dont on investit le travail, le sens qu'on peut lui donner par rapport à nos autres espaces de vie hors travail, la manière aussi toute singulière dont on s'approprie son rôle – on parle alors de rôle subjectif –, etc. Dans cet enchevêtrement de cadres et de références, nous devons souvent inhiber certaines normes ou valeurs pour répondre à d'autres exigences. Il n'est pas rare qu'un professionnel soit soumis à des injonctions paradoxales, par exemple favoriser l'autonomie d'une personne tout en devant réaliser ces tâches dans un laps de temps qui ne permet pas de répondre au respect de la personne et de son autonomie.

Nos conduites au travail sont ainsi régies par un ensemble de cadres qui eux-mêmes s'intègrent dans des ensembles culturels plus larges en lien avec les représentations sociales et des croyances socles dans une société donnée. L'image qu'on se fait de la vieillesse et des vieilles personnes, de leur valeur sociale, tout ce champ de représentations colore les différents référentiels de conduite des professionnels du soin et de l'aide. Il est donc important de questionner ces représentations et de comprendre comment elles s'ancrent dans les pratiques. Identifier les mécanismes inconscients de l'âgisme, de la catégorisation sociale et des stéréotypes, participe des réflexions éthiques sur le respect de la personne et la préservation d'un espace de vie adapté à son bien-être.

Parce que la lutte contre l'âgisme n'est pas un à-côté de la démarche de bientraitance mais s'y inscrit pleinement, il s'avère important de rendre les différents acteurs intervenant auprès de personnes plus âgées attentifs à la mécanique de l'âgisme, notamment de l'âgisme bienveillant. Bien souvent, les aidants pensent en effet agir au mieux pour la personne âgée, sans réaliser que leurs actions répondent en partie davantage à ce qu'ils présupposent des besoins d'une vieille personne qu'à ce qui lui conviendrait spécifiquement.

Au regard des « dégâts » que cela peut provoquer chez la personne sur le plan de son bien-être physique, psychologique et social, il semble indispensable d'accompagner les professionnels vers une prise de conscience de ce que véhiculent leurs pratiques comme présupposés erronés et comme charge discriminatoire. Encore une fois, il ne s'agit pas de jeter l'opprobre sur les individus, mais d'accompagner une réflexion et une prise de recul.

Sensibiliser, former et intégrer ce questionnement dans les analyses de pratiques est donc essentiel, mais cela ne peut pas se limiter à une réflexion individuelle car les conduites au travail dépendent aussi pour beaucoup de l'environnement organisationnel, ainsi que des conventions et lois-cadre propres à un secteur d'activité. Comment essayer de s'écarter d'une grille de lecture qui enferme les plus âgées dans un rôle de malade et d'infirme au statut semblable à celui de mineur, si le système de prise en soin est pensé comme cela ? Jusqu'à récemment encore, les politiques vieillesse visaient quasi-exclusivement la compensation des incapacités[70]. Désormais, on met aussi l'accent sur des actions de prévention, ce qui inévitablement déplace le regard du vieillissement pathologique au vieillissement actif.

---

70 La logique dominante depuis les années 1980 était celle de la prise en charge de la dépendance. On mesure les incapacités des personnes pour déterminer le coût de leur compensation (voir la grille AGGIR de mesure de la dépendance). Cette logique oriente inévitablement le regard puisque la première chose que l'on voit, ce sont les incapacités et les besoins de compensation.

De la bientraitance au bien-vieillir

On ne peut changer des représentations sociales aussi profondément ancrées que celles sur le vieillissement et la vieillesse qu'en insufflant un vent nouveau à différents niveaux de la société. Au niveau de la loi, que ce soit par rapport aux discriminations ou à la représentativité des aînés dans tout ce qui les concerne. Au niveau des politiques vieillesse, mais aussi des politiques des transports et de la ville. À l'école et dans la petite enfance. Au travail et dans les structures d'accompagnement des demandeurs d'emploi. Au niveau des professionnels du soin quels qu'ils soient (médical, médico-social, social). Sur le plan de la communication médiatique aussi, à l'instar des actions d'associations comme « Old'Up » ou « Tunnel de la comédienne de 50 ans », ou encore des témoignages publics comme dans le journal *Libération*.

« *Bonjour vieillesse*

Nous vivons dans une société vieillissante. Ça veut dire quoi "être vieux" ?

Pourquoi un tel tabou d'un phénomène inévitable et universel ? Pour que la vieillesse ne soit pas seulement abordée par le prisme du déclin, et de la tristesse, "Libé" donne carte blanche à Laure Adler, Boris Cyrulnik, Rose-Marie Lagrave et Erri De Luca pour qu'ils racontent ce que vieillir fait plus que ce qu'il défait. »

(*Libération*, mardi 9 août 2022)

Il s'agit d'un long processus d'infusion semblable à celui de l'influence minoritaire où, pour que celle-ci parvienne à bousculer l'état des choses, certains ingrédients sont importants : la « consistance » du discours et des actions dans le temps, leur récurrence et le fait de ne pas déroger aux lignes directrices, ou encore l'existence de « transfuges » emblématiques. Ainsi des groupes au départ minoritaires dans l'opinion publique sont-ils parvenus à infuser un changement dans les mentalités.

Bien sûr, il importe que chacun fasse sienne l'idée que vieillir est un cheminement au long cours, nourri d'expériences diverses et plurielles. Que chacun se convainque que nous pouvons agir sur notre vieillissement, sur notre état de santé physique, par les mêmes méthodes de prévention que dans les autres âges de la vie : éviter la sédentarité, conserver un rôle social/une activité qui ait du sens, qui nous apporte du plaisir, qui nous rende satisfaits de nous-mêmes, etc. Il faut aussi savoir se dire que l'on peut lâcher prise dans certains aspects de sa vie qui paraissaient pourtant essentiels jusque-là, et trouver par ailleurs d'autres façons de se faire du bien ou de donner du sens à son existence en explorant de nouvelles perceptions, en éprouvant le monde et les gens différemment. Se dire également que notre manière d'appréhender le vieillissement peut impacter directement notre espérance de vie... Je fais ici référence – on l'a vu – aux études sur l'internationalisation des stéréotypes négatifs sur le vieillissement. C'est le genre d'argument qui peut faire mouche quand on se prépare à la transition de la retraite. Autant il y a des inégalités sociales en santé contre lesquelles on ne peut malheureusement pas grand-chose (c'est le cas des écarts d'espérance de vie selon les catégories socio-professionnelles), autant concernant la manière de percevoir le vieillissement, il est possible d'agir, chacun à son niveau.

De manière générale, il me semblerait utile d'informer les futurs et jeunes retraités sur la mécanique de l'âgisme : comment les stéréotypes négatifs sur le vieillissement impactent les comportements des autres à notre égard et comment cela peut nous transformer ; mais aussi comment les croyances que nous avons intériorisées agissent de l'intérieur sur nos conduites et notre santé. Les programmes bien-vieillir proposés par les caisses de retraite et les assureurs gagneraient à intégrer ce type d'informations, tant sur l'impact des stéréotypes que sur la compréhension des tenants biologiques, culturels et psycho-sociaux de l'avancée en âge. Certaines idées peuvent bousculer des parcours de vie. Pourquoi pas les parcours de vie au grand âge ?

Selon les histoires de chacun et la période que l'on traverse, on a parfois besoin d'être aiguillé et soutenu dans la conscience de notre pouvoir d'agir. Cela pourrait être l'objectif d'ateliers bien-vieillir : faire percevoir que les expériences de vieillissement sont diverses et plurielles et que des marges de manœuvre existent. On entend de plus en plus parler d'accompagnement à l'autonomie pour les personnes en situation de handicap, afin qu'elles développent les ressources leur permettant de s'émanciper de la tutelle d'un tiers aidant. Pourquoi ne pas créer des outils pour soutenir ce processus d'émancipation, quel que soit le nom qu'on lui donne – personnalisation, autodétermination, agentivité, empowerment –, mais se rapportant cette fois au vieillissement avancé ?

L'important n'est pas ce que le vieillissement a fait des gens âgés, ni même ce que la société a fait de leur vieillissement, mais bien ce qu'ils en font eux-mêmes.

Ne fait-on que subir son propre vieillissement ?

L'être humain n'a pas de prise sur le temps qui passe. Il s'inscrit dans cette réalité qui le modèle et le dépasse. De fait, on pourrait avoir tendance à penser qu'il en est du même du vieillissement et de ses effets. **Or, l'individu n'est pas si passif que cela face à son propre vieillissement.** D'abord parce que ses comportements et son mode de vie ont un impact certain sur le vieillissement physique et organique. Cela est vrai dès le plus jeune âge, mais aussi à des âges avancés. On retrouve là les approches classiques de prévention primaire pour le bien-vieillir autour de l'alimentation, l'activité physique, le lien social, auxquelles il ne faut pas oublier d'ajouter la perception du vieillissement !

« *Un regard positif sur le vieillissement a un impact plus grand sur notre santé que l'exercice physique, le tabagisme ou le surpoids.* »[71] (André Aleman, Professeur de neuropsychiatrie cognitive)

L'être humain n'est pas si passif, ensuite, parce qu'il est aussi en mesure de mettre en place des stratégies adaptatives pour pallier les effets du vieillissement. Au niveau purement comportemental, c'est quelque chose que l'on retrouve dans la conduite automobile : éviter de conduire la nuit ou aux heures de pointe sont des manières

71 *Le bel âge du cerveau*, Éditions Autrement, Paris, 2014.

de compenser les difficultés induites par le vieillissement biologique (éblouissement, baisse des réflexes, etc.).

L'individu peut aussi réorganiser ses centres d'intérêt pour adapter ses habitudes de vie à ses capacités qui évoluent, et cela sans perdre la main sur le sens qu'il veut donner à sa vie. Il peut le faire aussi en procédant à des sortes de renégociations identitaires où il va lâcher prise sur des aspects de sa vie centraux jusque-là mais qui sont désormais associés à des échecs ou à une image de soi dévalorisante ; il va donc lâcher prise sur ces aspects pour mieux en réinvestir d'autres où il pourra se nourrir psychologiquement[72].

Pour aller plus loin, je dirai que nous ne sommes pas passifs même si nous ne sommes pas physiquement et socialement actifs. Je fais ici référence aux travaux de Frédéric Balard sur les centenaires et cette capacité insoupçonnée de « faire bonne vieillesse ». Cela rend compte de la faculté de certaines personnes très âgées à « se laisser vivre » en se détachant de tout ce qui est trop coûteux pour se recentrer sur le possible qui offre une certaine forme de satisfaction ou de bien-être. On est toujours dans cette perspective de compensation et d'ajustement, mais le sociologue va plus loin en pointant le fait que cette compensation et ces ajustements existent même là où extérieurement tout semble vide et plat. Songez à une centenaire assise à ne rien faire, absente à l'autre, qui ne cherche pas à interagir,

72 Les travaux de Vincent Caradec constituent une bonne porte d'entrée pour appréhender plus finement cette perspective.

qui reste dans son monde comme en attente d'une fin trop tardive : cette femme-là, nous dit Frédéric Balard, est peut-être beaucoup plus active qu'il n'y paraît grâce au pouvoir de la réminiscence et de l'imaginaire : « *Je ne souffre pas de la solitude. Je me raconte mes histoires à moi-même... Je fais des châteaux en Espagne. J'invente des histoires dans ma tête avec des personnages. Certains sont des personnes que je connais. Je me remémore le passé.* »[73]

73 Témoignage tiré de l'article « Bien vieillir » et « Faire bonne vieillesse ». *Perspective anthropologique et paroles de centenaires,* 2013, publié dans la revue Recherches Sociologiques et Anthropologiques. https://doi.org/10.4000/rsa.925

Bibliographie

Adam, S. (2016). *Conséquences de l'âgisme sur les attitudes de soin.* L'observatoire de l'âgisme. http://agisme.fr/spip.php?article87

Adam, S., Joubert, S. & Missotten, P. (2013). L'âgisme et le jeunisme : conséquences trop méconnues par les cliniciens et chercheurs ! *Revue de neuropsychologie*, 5(1), 4-8.

Aleman, A. (2014). *Le bel âge du cerveau.* Éditions Autrement, Paris

Allport, G.W. & Postman, L.J. (1947). *The Psychology of Rumor.* New York, Russel & Russel.

Amauger-Lattes, M. (2007). La discrimination fondée sur l'âge : une notion circonstancielle sous haute surveillance. *Retraite et société*, 51, 27-41. https://doi.org/10.3917/rs.051.0027

Anegmar, S. (2015). *Quand les stéréotypes nous handicapent : étude de l'impact de l'intériorisation du stéréotype et de la conscience de la stigmatisation en fonction de la source de la menace*, Thèse, Université de Lille 3.

Balard, F. (2013). « Bien vieillir » et « faire bonne vieillesse ». Perspective anthropologique et paroles de centenaires. *Recherches sociologiques et anthropologiques*, 44(1), 75-95.

Beauvoir (de), S. (1970). *La Vieillesse*, Gallimard.

Berzlanovich, A.M., Keil, W., Waldhoer, T., Sim, E., Fasching, P. & Fazeny-Dörner, B. (2005). Do centenarians die healthy ? An autopsy study. *J Gerontol A Biol Sci Med Sci*, 60(7) : 862-5.

Bizzini, L. & Rapin, C.-H. (2007). L'âgisme. Une forme de discrimination qui porte préjudice aux personnes âgées et préparer le terrain de la négligence et de la violence. *Gérontologie et société*, 30(123).

Bonte-Baert, A. (2020). *Application de la thérapie comportementale dialectique à une personne avancée en âge à risque suicidaire.* Thèse de doctorat en médecine, Université de Picardie Jules Verne.

Commission nationale de lutte contre la maltraitance et de promotion de la bientraitance. (2021). *Démarche nationale de consensus pour un vocabulaire partagé de la maltraitance des personnes en situation de vulnérabilité.* Mars 2021.

Conseil des aînés du Québec (2010). *Avis sur l'âgisme envers les aînés : état de la situation.* Mars 2010. http://www.agisme.fr/IMG/pdf/Avis_sur_l_agisme_envers_les_aines.pdf

Crutzen, C., Missotten, P., Adam, S., & Schroyen, S. (2022). Does caring lead to stigmatisation ? The perception of older people among healthcare professionals and the general population : a cross-sectional study. *International Journal of Older People Nursing*, 5(17), https://doi.org/10.1111/opn.12457

Défenseur des droits (2014). *Baromètre sur la perception des discriminations au travail.* https://urlz.fr/jiGc

Defresne, M., Marion, P. & Thévenot, C. (2010). L'opinion des employeurs sur les seniors : les craintes liées au vieillissement s'atténuent. *Dares Analyses*, 055.

Devine, P. G. (1989). Stereotypes and prejudice: Their automatic and controlled components. *Journal of Personality and Social Psychology*, 56(1), 5–18. https://doi.org/10.1037/0022-3514.56.1.5

Drees (2020). L'allocation personnalisée d'autonomie. *L'aide et l'action sociale en France*, 92-101. https://urlz.fr/fPZK

Drees (2022). Des résidents de plus en plus âgés et dépendants dans les établissements d'hébergement pour personnes âgées. Études & Résultats, 1237, juillet 2022.

Dufeu, A. (2019). *Réussir la transition démographique et lutter contre l'âgisme*. Rapport parlementaire.

Dufeu, A. (2021). Comment combattre l'âgisme ? *Regards*, 59, 91-101. https://doi.org/10.3917/regar.059.0091

Duncan, B. L. (1976). Differential social perception and attribution of intergroup violence: Testing the lower limits of stereotyping of Blacks.

Journal of Personality and Social Psychology, 34(4), 590–598. https://doi.org/10.1037/0022-3514.34.4.590

Flamand, L., Gilles, C. & Trannoy, A. (2018). *Discriminations selon l'âge. Revue de littérature et effet de l'âge sur les conditions d'emploi et de salaire à partir de l'enquête Emplo*i. France Stratégie. Document de travail, 2018-05. https://www.strategie.gouv.fr/sites/strategie.gouv.fr/files/atoms/files/dt-discriminations-age-29-novembre-2018_0.pdf

Flamion, A., Missotten, P., Goffinet, A., Kukor, L., Nagy, N., & Adam, S. (2020). Speech accommodation toward older people in 7- to 12-year-old children. *Developmental Science*, 23 (6), 12958. doi:10.1111/desc.12958

Flamion, A., Missotten, P., Jennotte, L., Hody, N., & Adam, S. (April 2020). Old age-related stereotypes of preschool children. *Frontiers in Psychology*, 11, 1-13. doi:10.3389/fpsyg.2020.00807

Fleury, C. (2018). Éthique du *care : la refonte du concept d'autonomie, conception non-impersonnelle de la justice, politique de la reconnaissance, nouveaux modèles de solidarités*. Communication, 5 février 2018, https://www.youtube.com/watch?v=RQF6s8NgeLU

Fougeyrollas, P. (2011). *La funambule, le fil et la toile : Transformations réciproques du sens du handica*p, Presses Université Laval.

Gauthier, K., Morand, A., Mazerolle, M., Rigalleau, F., Eustache, F., Desgranges, B., Huguet, P. & Régner, I. (2020). Effet de menace du stéréotype : historique, mécanismes, et conséquences sur les performances cognitives des personnes âgées. *Revue de neuropsychologie*, 12, 351-357.

Gaymard, S. (2006). « The representation of old people: comparison between the professionals and students ». *Revue internationale de psychologie social*e, 19(3), 69-91.

Institut de la longévité, des vieillesses et du vieillissement (2021). *Recherche sur le vieillissement*, n°20, mai 2021. https://www.ined.fr/fichier/rte/150/ILVV/Lettre_Information20_ILVV_mai_2021.pdf

Lagacé, M., Medouar, F., Loock, J. & Davignon, A. (2011). « À mots couverts : le regard des aînés et des soignants sur la communication quotidienne et ses manifestations d'âgisme implicite ». *Canadian Journal on Aging / La Revue canadienne du vieillissement*, 30, 185-196.

Lagacé, M., Laplante, J. & Davignon, A. (2011). « Construction sociale du vieillir dans les médias écrits canadiens : de la lourdeur de la vulnérabilité à l'insoutenable légèreté de l'être ». *Communication et organisation*, 40, https://journals.openedition.org/communicationorganisation/3553.

Rapport Laroque, Réédition 2014, L'Harmattan.

Levy, B. (2009). Stereotype Embodiment. A Psychosocial Approach to Aging. *Current directions in psychological science*, 18(6), 332-336.

Levy, B. (2022). The Role of Structural Ageism in Age Beliefs and Health of Older Persons. *JAMA Netw Open,* 5(2):e2147802. doi:10.1001/jamanetworkopen.2021.47802

Macia, E., Chapuis-Lucciani, N. & Boëtsch, G. (2007). Stéréotypes liés à l'âge, estime de soi et santé perçue. *Sciences Sociale et Santé*, 25(3), 79-106.

Marchand, M. (2008). Regards sur la vieillesse. *Le Journal des psychologues*, 3(256), 22-26.

Marquet, M., Missotten, P. & Adam, S. (2016). Âgisme et surestimation des difficultés cognitives des personnes âgées : une revue de la question". *Geriatr Psychol Neuropsychiatr Vieil*, 14(2), 177-186.

Masse, M. & Meire, P. (2012). L'âgisme, un concept pertinent pour penser les pratiques de soins aux personnes âgées. *Geriatr Psychol Neuropsychiatr Vieil*, 10(3), 333-341.

Minni, C. (2019). Emploi et chômage des seniors en 2018. *Dares Résultats*, n° 013. https://dares.travail-emploi.gouv.fr/publications/contraintes-physiques

Neuberg, S. L., & Fiske, S. T. (1987). Motivational influences on impression formation : Outcome dependency, accuracy-driven attention, and individuating processes. *Journal of Personality and Social Psychology*, 53(3), 431–444. https://doi.org/10.1037/0022-3514.53.3.431

Organisation Mondiale de la Santé (2021). *L'âgisme, un enjeu mondial.* Rapport mars 2021. https://www.who.int/fr/news/item/18-03-2021-ageism-is-a-global-challenge-un

Organisation Mondiale de la Santé (2021). *Lancer un dialogue sur l'âgisme.* https://www.who.int/fr/publications/m/item/initiating-a-conversation-about-ageism

Peatrik, A.-M. (2001). Vieillir ailleurs et ici : l'exemple des Meru du Kenya. *Retraite et société*, 34(3) : 151-165.

Pelletier, L.G., & Vallerand, R.J. (1996). Supervisors' beliefs and subordinates' intrinsic motivation : A behavioral confirmation analysis. *Journal of Personality and Social Psychology*, 71 (2), 331-340.

Poli, A., Lefrançois, C. & Caradec, V. (2009). *Les discriminations liées à l'âge, entre exclusion et protection.* https://mouvements.info/les-discriminations-liees-a-lage-entre-exclusion-et-protection/

Ricœur, P. (1997). Autonomie et Vulnérabilité. In A.-M. Dillens (dir.), *La philosophie dans la Cité* (pp.121-141). Presses de l'Université de Saint Louis.

Rosenthal, R. & Jacobson, L. (1968). *Pygmalion in the classroom*, New York, Holt, Rinehart & Winston.

Schroyen, S., Adam, S., Jerusalem, G. & Missotten, P. (2015). Ageism and its clinical impact in oncogeriatry: state of knowledge and therapeutic leads. *Clinical Interventions in Aging*, 10, 117-125.

Sherif, M. (1966). *Group Conflict and Cooperation : their Social Psychology*, Londres, Routledge & Kegan.

Slama, S. (2016). La disparité des régimes de lutte contre les discriminations : un frein à leur efficacité ? *La Revue des droits de l'homme*, 9. https://doi.org/10.4000/revdh.2061

Van der Linden, M. & Juillerat Van der Linden, A.-C. (2010). *Le vieillissement en tant que construction sociale : l'influence des stéréotypes.* mythe-alzheimer.org. https://urlz.fr/jiGj

SOMMAIRE

Achevé d'imprimer par Corlet Imprimeur - 14110 Condé-en-Normandie
n° imprimeur : 23020118 - Dépôt légal : octobre 2022 - Imprimé en France